Ungelöste Rätsel

Reinhard Habeck

Ungelöste Rätsel

Wunderwerke, die es nicht geben dürfte

pichler verlag

Inhalt

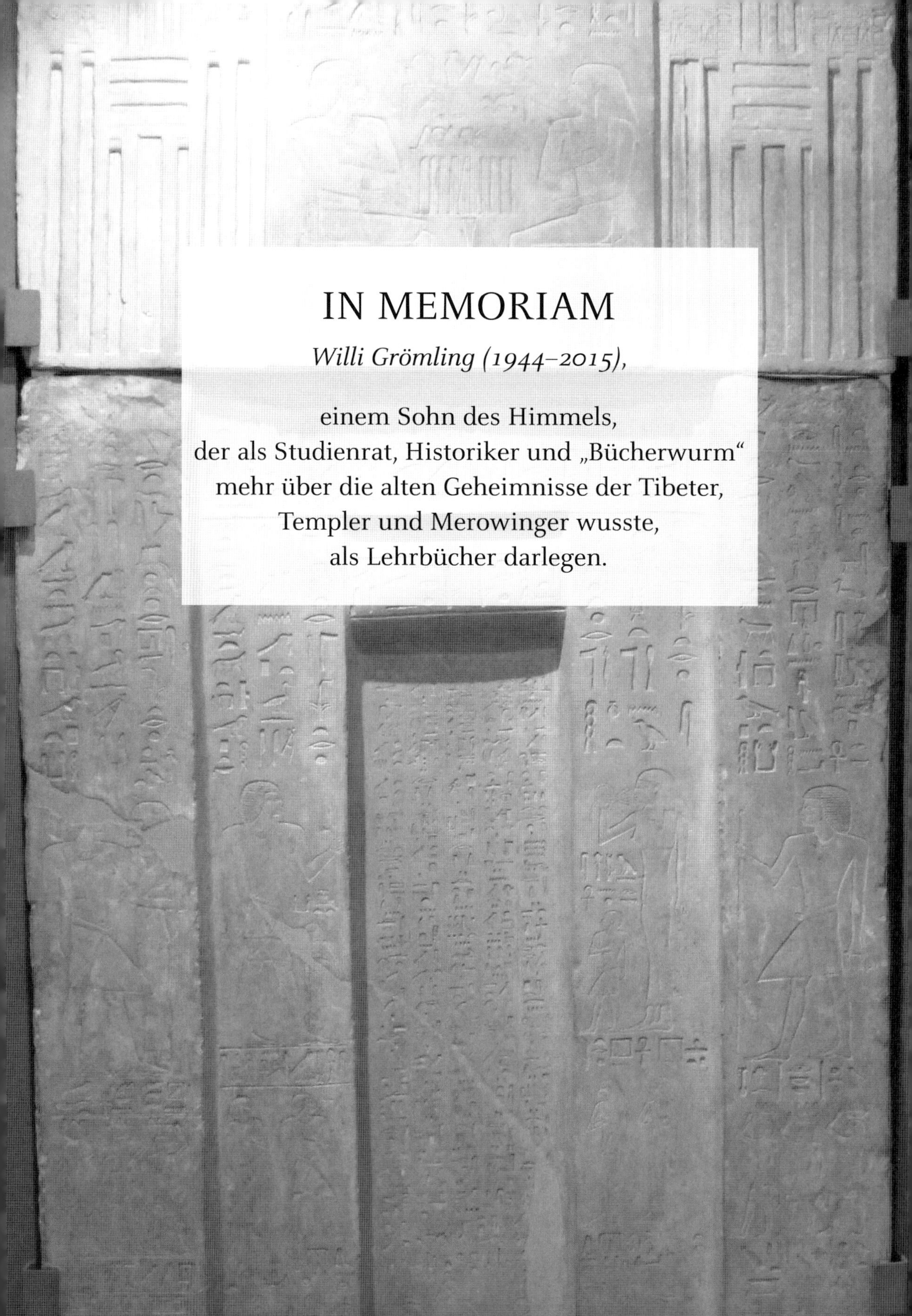

IN MEMORIAM

Willi Grömling (1944–2015),

einem Sohn des Himmels,
der als Studienrat, Historiker und „Bücherwurm“
mehr über die alten Geheimnisse der Tibeter,
Templer und Merowinger wusste,
als Lehrbücher darlegen.

Vorweg gesagt

Des Menschen Streben sollte mehr sein, als er greifen kann.
Robert Browning (1812–1889), englischer Dichter

Historiker und Archäologen sind bestrebt, die letzten Rätsel unserer Vergangenheit lückenlos aufzuklären. Das gelingt nicht immer wunschgemäß im Sinne der Lehrmeinung. Forscher stoßen bei ihren Entdeckungen gelegentlich auf merkwürdige „Störfaktoren", die das vertraute Weltbild ordentlich ins Wanken bringen. Was hat ein Schwungrad im modernen technischen Design in einem altägyptischen Grab verloren? Warum haben präkolumbische Plastiken die Physiognomie fremder Überseevölker, die Amerikas Ureinwohner angeblich nie zu Gesicht bekamen? Wie erklären sich maschinelle Bearbeitungsspuren in unterirdischen Steinzeitlabyrinthen? Wer konstruierte den vorzeitlichen Urcomputer, der von griechischen Tauchern vom Grund des Mittelmeeres geborgen wurde?

Statue des Amenhotep

Die Fachwelt kennt viele dieser archäologischen Anomalien und bezeichnet sie als „OOP Arts". Die Abkürzung steht für „Out of Place Artifacts", also Objekte, die „am falschen Platz" gefunden worden sind. Gemeint sind damit auch abwegige Entdeckungen, die wegen ihrer Altersdatierung, der raffinierten Technik oder der fremdartigen Charakteristik ein bisher unbekanntes Kapitel der Menschheitsgeschichte offenbaren. Diese unliebsamen „Kuriositäten" werden von der Mainstreamarchäologie oft vernachlässigt, landen nicht selten unerforscht in dunklen Kellerarchiven oder erhalten vorschnell das unrühmliche Etikett „mutmaßliche Fälschung". Betrug und falsche Deutungen oder Fehler bei der Datierung können bei der Beurteilung rätselhafter Funde natürlich nie gänzlich ausgeschlossen werden. Dennoch ist das Pauschalurteil vieler Skeptiker, alles sei „Unsinn", kein taugliches Mittel zur Aufklärung unserer Geschichte.

Was Zweifler übersehen: Die wissenschaftliche Evolution läuft nicht geradlinig, Theorien ändern sich und werden das aufgrund außergewöhnlicher Entdeckungen und neuer Erkenntnisse auch weiterhin tun. Trotz großartiger Leistungen der Wissenschaft und der Erweiterung unseres Wissenshorizonts stecken wir nämlich immer noch mitten in einem Lernprozess. Was heute als „unmöglich" oder „utopisch" gilt, kann von

kommenden Generationen ganz anders verstanden und eines Tages sogar selbst zur Wissenschaft erhoben werden.
Mysteriöse Relikte wie die „Maschine von Antikythera" oder die „Himmelsscheibe von Nebra" haben es eindrucksvoll bewiesen: Archäologische Unmöglichkeiten verstoßen nicht gegen die Gesetze etablierter Wissenschaften, sondern stehen lediglich im Gegensatz zu vielem, was wir bisher über unsere Vergangenheit herausgefunden haben. Waren unsere Vorfahren fortschrittlicher, als wir bisher angenommen haben? Ist die Menschheit älter als vermutet? Welche ursächliche Bedeutung hatten mysteriöse „Kultobjekte", deren Verwendungszweck und Herkunft ungeklärt sind?
Das sind nur einige der brisanten Fragen, die mich im vorliegenden Band „Ungelöste Rätsel" beschäftigen. Bei meinen Einblicken in Privatsammlungen, bei Recherchen in Museen und Besichtigungen von wundersamen Stätten stieß ich auf allerlei Seltsamkeiten, die mir keine Ruhe ließen. Die Fülle der archäologischen Wunderwerke, die noch voller Rätsel sind, ist gewaltig. Ich musste eine strenge Auslese treffen und habe für dieses Buch acht Themenbereiche gewählt. Zu jedem Kapitel passend werden rätselhafte Funde und unglaubliche Entdeckungen präsentiert – vom altägyptischen Segelflugzeugmodell bis zum Urvater des Weltraumhelden „Perry Rhodan".
Mir ist es bei meiner Spurensuche wichtig, dass ich weitestgehend aus erster Hand berichten kann. Das gilt auch für das vorliegende Buch. Die meisten vorgestellten Wunderwerke konnte ich selbst in Augenschein nehmen, zumindest aber mit Forschern, Entdeckern, Sammlern und Kollegen das Pro und Kontra dazu diskutieren. Fast alle der von mir vorgestellten ungelösten Rätsel können von neugierigen Leserinnen und Lesern selbst vor Ort besichtigt und überprüft werden. Die Konfrontation mit dem Geheimnisvollen kann Staunen und Skepsis hervorrufen: „So etwas kann es doch gar nicht geben!" Doch, kann es! Die folgenden Seiten liefern dazu Belege in Wort und Bild. Ich wünsche eine spannende und vergnügliche Lektüre!

Reinhard Habeck
Wien, im September 2015

S. 11: Schamanenfigur aus Ecuador
S. 12: Die Stufenpyramide des Pharaos Djoser

SELTSAMES SAKKARA

Antiker Segelflieger, das unheimliche Serapeum und ein altägyptisches Flugrad

Ich bin eine Idee, in Fleisch gehüllt,
die aus dem Bauch des Himmels entsprang.
Wie ein Falke fliege ich über das Bekannte hinaus
in das Reich des Unbekannten.

Aus dem Totenbuch der alten Ägypter

Wenn Gräber reden könnten

Das Gräberfeld von Sakkara ist ein magischer Ort. Er führt zur Wiege unserer Zivilisation und liegt südlich der ägyptischen Pyramiden von Giseh am westlichen Nilufer. Das kilometerlange Areal war die Nekropole der einstigen Reichshauptstadt des vereinigten Ober- und Unterägyptens – Memphis. Alle Epochen der ägyptischen Geschichte sind hier vertreten, von den ältesten Zeiten bis zu den Griechen, Römern und Kopten.

Bedeutendste Hinterlassenschaft ist die legendäre Stufenpyramide des Königs Djoser aus der 3. Dynastie. Sechs gewaltige, bis zu zehn Meter hohe Stufen ragen verjüngend immer weiter empor zum Himmelszelt. Mit 60 Metern Höhe, um 2700 v. Chr. errichtet, ist sie der erste bekannte monumentale Steinbau der Menschheit, der für alle nachkommenden Pyramiden Pate stand. Ihre Konstruktion, angelegt in verschiedenen Bauperioden, wird von vielen Altertumsforschern als Sinnbild einer „Himmelstreppe“ interpretiert. Mit ihr, so die Glaubensvorstellung, konnte der verstorbene König zu den Göttern emporsteigen. Oder umgekehrt: Kulturheroen kamen von den Sternen herab zu den Menschen.

Die Djoser-Pyramide ist die einzige, deren Grundfläche rechteckig (109 x 121 Meter), also nicht quadratisch ist. Umgeben ist die Pyramide von einer 1645 Meter langen und über zehn Meter hohen Kalksteinmauer mit Nischen und „Scheintoren“. Ihre Funktion ist genauso umstritten wie jene des 40 Meter breiten Grabens, der den Außenbereich des Geländes umgibt. In Nord-Süd-Ausrichtung hat er eine Länge von 750 Metern. Wie tief die heute weitestgehend verschüttete Kluft ursprünglich war, ist nicht geklärt. In fünf Metern Tiefe endeten die Untersuchungen der Archäologen.

Interessant wird es unterhalb der Pyramide: Der Zugang zum Gebäude liegt im Innenhof eines Tempels und führt über eine zentrale Treppe in die Tiefe. In der Mitte liegt die Kammer aus Granitplatten, direkt unter einem imposanten 28 Meter tiefen, 7,5 x 7,5 Meter weiten Schacht, der später zugeschüttet wurde. Im Pyramideninneren begegnen wir einem verwirrenden System aus Kammern, Gängen und Galerien, die sich bis zu 32 Meter tief unter dem Totentempel hinziehen. Es ist das ungewöhnlichste Labyrinth, das jemals unter einer Pyramide angelegt worden ist. Die Gründe für den Plan, Zweck und die Mühe wusste nur der Architekt, das Universalgenie Imhotep. Der legendäre Bauherr wurde von den Ägyptern als Halbgott verehrt. Die Griechen setzten ihn mit ihrem Heilgott Asklepios gleich. Das Grab des weisen Imhotep wird in der Nähe der Djoser-Pyramide vermutet, konnte aber bislang noch nicht aufgespürt werden.

Von der glänzenden Metropole Sakkara-Memphis, die neben Babylon die größte Stadt der Antike war, ist die Stufenpyramide eines der wenigen optisch fassbaren Überbleibsel. Das liegt daran, dass erst die Byzantiner, dann die Araber das „herrliche Memphis“ rücksichtslos als Steinbruch nutzten.

Die Stufenpyramide des Pharaos Djoser

Alles was an brauchbarem Baumaterial abtransportiert werden konnte, wurde in den Gebäuden von Alt-Kairo verarbeitet. Der Rest zerbröselte oder versank im Grundwasser. Archäologen haben dennoch Hoffnung, dass viele verborgene Schätze des Alten Reiches, darunter auch Imhoteps Mausoleum, versteckt unter dem Wüstenboden auf ihre Entdeckung warten. Die Vorfreude ist berechtigt, denn erst ein Bruchteil der ehemaligen Pharaonenresidenz ist bisher ausgegraben worden.

Das Flugzeug der Pharaonen

Was bisher im Umfeld der Djoser-Stufenpyramide entdeckt wurde, verwirrt die Fachwelt. Dazu zählt auch eine 1898 aufgefundene Grabbeigabe, die um 250 v. Chr. datiert wird. Sie ist heute als „Taube von Sakkara“ bekannt und wird im Ägyptischen Nationalmuseum in Kairo aufbewahrt: zuletzt im Obergeschoß, Raum 22, Inventarnummer 6347. Jahrzehntelang lag das Relikt unscheinbar inmitten unterschiedlicher Vogelfiguren, bis der ägyptische Arzt und Altertumsforscher Prof. Dr. Khalil Messiha (1924–1999) bei ihrem Anblick stutzig wurde. Gemeinsam mit seinem Bruder, einem Luftfahrtingenieur, kam Messiha zu dem Schluss, dass dieses seltsame Artefakt eher einem Segelflugzeug-Modell entspricht. Sein Hauptkörper misst 14 cm, die Flügelspannweite beträgt 18 cm, das Gewicht 39 Gramm. Es wurde aus dem Holz des Maulbeerfeigenbaumes geschnitzt und hat auf der rechten Kopfseite ein gemaltes Auge. Flugexperimente mit größeren maßstabsgetreuen Modellen bestätigen den Eindruck: Der pharaonische „Vogel“ besitzt die aerodynamische Form moderner Tragflächen und das senkrecht stehende Seitenruder entspricht dem Leitwerk heutiger Flugzeuge!

Es soll angeblich noch ein Dutzend weitere antike Gleiter geben, die im Museumsdepot aufbewahrt werden. Was im Untergeschoß auf mehr als 10 000 Quadratmetern Fläche gehortet wird (beziehungsweise zum Teil in andere Museen ausgelagert wurde), bekommen nur wenige Auserwählte zu Gesicht. 2010 berichtete die damalige Museumsleiterin Wafaa el-Saddik, dass man bei der Inspektion der Kellermagazine auf rund 2000 original versiegelte Holzsärge, unbekannte Mumien und Kunstobjekte gestoßen war, von denen bis dahin wegen fehlender Inventarlisten niemand etwas wusste. „Der Keller des Nationalmuseums gleicht einem Labyrinth“, gab sich die Generaldirektorin überrascht. „Jeden Tag entdecken wir neue Schätze.“

Altägyptisches Segelflugzeugmodell (l.) und die flugtüchtige Rekonstruktion (r.)

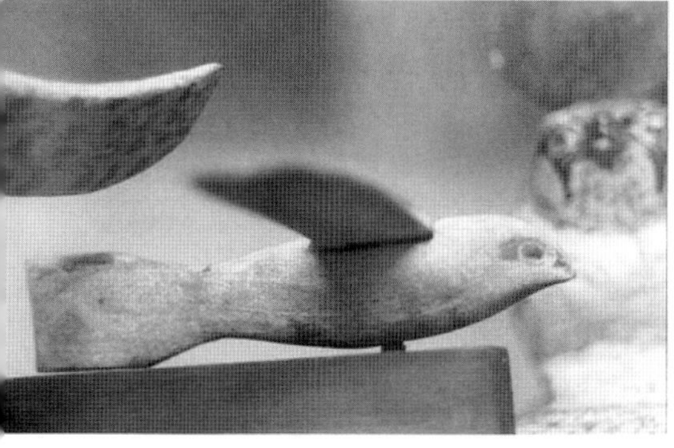

Luftbildaufnahme des Gräberfelds von Sakkara mit der Stufenpyramide von Pharao Djoser

Die Stufenpyramide in Sakkara

Statue des legendären Architekten Imhotep: Die Grabstätte des Genius blieb bislang unentdeckt.

Das Ägyptische Museum in Kairo beherbergt pharaonische Hightechschätze wie das „Segelflugzeug-Modell" und das „Schwungrad" aus Sakkara.

Im „Jungfraupark" in Interlaken ist eine originalgetreue Replik des „Schwungrades" ausgestellt.

Beispiele von Pyramiden als „Himmelskammern" und „Wohnstätten der Götter", ausgestellt im Pariser Louvre (o.) und im Archäologischen Museum von Florenz (u.)

Die Falicon-Pyramide nahe Nizza

Denkmalgeschützt, aber wenig geehrt: versteckte Pyramidenruine bei Nizza

Pyramide von Xianping, China

Lehmpyramiden in der Mongolei

Die römische Pyramide von Autun in Frankreich

Die Cestius-Pyramide in Rom

Monströse Särge – wofür?

Eines der größten Rätsel der Totenstadt Sakkara liegt unter dem Wüstenboden im sogenannten Serapeum. In der 340 Meter langen Katakombe gehen rechtwinkelig mehr als 30 Nischen ab. Sie enthalten 24 gigantische Steinsarkophage, die mit leichten Abweichungen vier Meter lang, zweieinhalb Meter breit und dreieinhalb Meter hoch sind! Jede dieser Steintruhen wiegt 70 bis 80 Tonnen. Sie wirken wie von Zyklopenhand erstellt. Die Särge wurden massiv aus einem einzigen schwarzen oder roten Granitblock herausgearbeitet, fein säuberlich geglättet und vom 1000 Kilometer entfernten Assuan irgendwie nach Sakkara geschafft. Anschließend mussten die Kolosse in die Tiefe hinabgelassen, durch die unterirdischen Gänge gezogen, in ihren Kammern verankert und teilweise eingemauert werden. Wie diese technische Meisterleistung der Schwertransporte in der Praxis funktioniert haben soll, konnte mir noch kein Ägyptologe verraten.

Wie und wozu wurden die bis zu 70 kg schweren Granitkolosse unter großen Mühen vom 1000 Kilometer entfernten Assuan herangeschafft?

Als der Altertumsforscher Auguste Mariette (1821–1881) Mitte des 19. Jahrhunderts das Serapeum erkundete, hoffte er, mumifizierte heilige Apis-Stiere zu entdecken, von denen einst Herodot berichtet hatte. Die offizielle ägyptologische Lehrmeinung geht davon aus, dass das Gewölbe tatsächlich zur Bestattung heiliger Stiere angelegt wurde. Stierkulte im Alten Ägypten hat es gegeben, auch die Verehrung des Apis-Stieres ist belegt. Ob die ursächliche Bestimmung im Serapeum allein ihnen vorbehalten war, darf jedoch angezweifelt werden.

Was der Franzose Mariette vorfand, war etwas völlig Unerwartetes: Keiner der Riesensärge enthielt einen einbalsamierten Stier, sondern jeweils Tausende kleine, zersplitterte Knochen in einer stinkenden, teerartigen Masse. Der mysteriöse Inhalt widerspricht den bekannten Bestattungsriten der alten Ägypter. Was hier in monströsen Granittruhen mit 42 Zentimetern Dicke undurchdringlich hermetisch verschlossen wurde, war kein Kult für Unsterblichkeit, sondern das genaue Gegenteil davon! Warum wurden die Gerippe der Geschöpfe zu winzigen Knochensplittern zerkleinert und mit einer Bitumen-Masse vermischt? Sollte jede Möglichkeit einer Wiedergeburt verhindert werden? Bis heute fehlen Studien und DNA-Analysen, die zweifelsfrei belegen, von welchen Tierarten die zerstampften Gebeine stammen. So viel ist bekannt: Apis-Stiere waren es nicht. Fantasiebegabte Zeitgenossen könnten an genmanipulierte Überreste mythologischer Mischwesen wie Sphinx, Chimära oder Minotaurus denken. Ungeheuerlich! Oder?

Ka und scheinheilige Leichensteine

Manche Entdeckungen machen deshalb fassungslos, weil absolut gar nichts gefunden wurde. Sollten dreiste Grabräuber den Forschern zuvorgekommen sein, wäre die würdelose Situation erklärbar. Wie aber verhält es sich bei unversehrten Grabkammern und Pyramiden, wo die Mumie des Verstorbenen fehlt?

Viele Ägyptologen meinen, dass es „Kultpyramiden" mit „Scheinkammern" waren, die als „symbolische Wohnstätten des Königs" dienten. Andere vermuten rituelle „Begräbnisstätten für Ka". Über die Bedeutung von Ka sind sich die Fachexperten wiederum nicht einig. Die gängigste Interpretation erkennt in dem Ausdruck die „seelisch-geistige Kraft" eines Menschen. Sie wird als Hieroglyphe mit der „Zaubergeste" zweier erhobener Arme dargestellt. Dazu gibt es in der ägyptischen Mythologie die Verknüpfung zum Schöpfergott Chnum, der auf einer Töpferscheibe zu gebärende Kinder formt und ihre identischen Doppelgänger gleich mit. Stirbt ein Mensch, lebt dem Glauben nach das Ka-Double weiter. Eine vorausgedachte Idee der modernen Biotechnik, bei der im Kloning-Verfahren identische Lebewesen reproduziert werden? Dienten mögliche „Kultpyramiden" wirklich als symbolische Ruhestätten für die Ka-Seele eines Verstorbenen? Die 105 Meter hohe „Knickpyramide" von Daschur nahe bei Sakkara gilt als die älteste Pyramide, die nicht zu Bestattungszwecken genutzt wurde, sondern nach ägyptologischer These als Kenotaph (Leergrab) gedient haben soll. Für einen imaginären Doppelgänger ein erstaunlich gewaltiger Aufwand.

Eigenwillige Bauform aus der Zeit 2650 v. Chr.: die Knickpyramide von Daschur. Ägyptologen vermuten, dass sie nie als Grabstätte genutzt wurde.

Schacht des Südgrabes im Pyramidenkmomplex von Sakkara.

Die Auffindung eines „Scheingrabes" kann tragisch enden. Das zeigt der Fall der 1952 geöffneten Sechemchet-Pyramide, die nur wenige Hundert Meter südwestlich vom Monumentalbau Pharao Djosers entfernt liegt. Am 31. Mai 1954 durchbrach der Ägyptologe Muhammad Zakaria Goneim eine drei Meter dicke Verschlussmauer und legte die Grabkammer frei. Die Sensation schien perfekt, denn der aufgefundene Sarkophag war noch unberührt und versiegelt. Als der hermetisch abgeschlossene Sarg im Beisein von Journalisten und Regierungsvertretern geöffnet wurde, waren alle Anwesenden perplex: Die Königsbahre enthielt weder Mumie noch Schätze, sondern nur „heiße Luft". Goneim wurde in der Folge von den Medien und der Kollegenschaft mit Spott und Hohn überschüttet. Der Demütigung nicht genug, wurde ein antikes Gefäß vermisst und man beschuldigte den Pyramidenentdecker, die Antiquität unterschlagen zu haben. Völlig verzweifelt, stürzte sich Goneim 1959 von einer Nilbrücke in den Tod. Das doppelt Tragische: Einen Tag später fand man das vermeintlich gestohlene Exponat im Ägyptischen Museum in Kairo! Es war falsch katalogisiert worden …

Der Schöpfergott Chnum formt den Leib eines Kindes und seinen Klon gleich mit.

Unikales aus Grab 3111

Einer der sonderbarsten Gegenstände, die je ans Tageslicht befördert wurden, stammt ebenfalls aus Sakkara, genauer gesagt aus einer Grabanlage des „archaischen Friedhofs". Auf dem Gelände, das sich etwa 1,5 Kilometer nördlich der Djoser-Pyramide erstreckt, liegen die höchsten Beamten der frühgeschichtlichen Zeit in sogenannten Mastabas begraben. Der Bautyp gilt als Vorläufer der Pyramiden und bestand aus einem fünf bis zehn Meter hohen, rechteckigen künstlichen Berg mit schrägen Seitenwänden. Im Inneren führt zumeist ein senkrechter Schacht mehrere Meter tief hinunter zur Sargkammer. Weitere Räume enthalten nischenartige „Scheintüren", Opfergaben sowie Vorräte, die den Verstorbenen auch im Jenseits mit irdischen Gütern versorgen sollen. Nach der Bestattung wurde der Schacht mit Steinen verschlossen.

In einem dieser kastenförmigen Mastabas vermuteten Archäologen das Grab des Königs Hor Ândyib. Heute wird es allerdings seinem Sohn zugeordnet. Sein Mausoleum liegt am äußersten Nordzipfel von Sakkara, an der Grenze zum Dorf Abusir. Es ist das Mastaba-Grab Nr. 3111, welches der britische Ägyptologe Walter Bryan Emery (1903–1971) am Morgen des 19. Januar 1936 mit seinem Grabungstrupp öffnete. Als er den palastartigen Überbau von Sand und Lehmziegeln befreite, offenbarte sich ihm ein rechteckiges Mauerwerk, das 10,45 Meter lang und 6 Meter breit ist. In einer Tiefe von 2,55 Metern ist die Grube in sieben Räume unterteilt. Vier liegen nördlich, zwei südlich der Grabkammer. Keramikgefäße mit Inschriften nennen den Namen des Verstorbenen: Es ist die letzte Ruhestätte von Prinz Sabu, einem Administrator einer Provinzstadt, genannt „Stern aus der Familie des Horus". Er lebte zu Zeiten der Pharaonen Hor Ândyib und Hor-Den (auch Udimu genannt) in der 1. Dynastie um 2900 v. Chr.

Emery stellte ernüchtert fest, dass die Grabstätte in der Antike geplündert worden war. Wertvolle Votivgaben, vermutlich auch Kleider, Schmuck und Goldschätze, die bei hohen Würdenträgern üblicherweise beigelegt wurden, fehlten. Die Grabräuber waren nicht zimperlich: Der Kopf und der rechte Arm des Toten waren brutal vom Rumpf getrennt worden. Was von den Dieben als unwichtig zurückgelassen wurde, waren ein Holzsarg mit den sterblichen Überresten von Prinz Sabu, Knochen von Stieren, Kupferwerkzeuge, Behälter mit Feuersteinen, Pfeilspitzen, Töpferwaren, leere Elfenbeindosen, jede Menge Tonscherben und ein merkwürdig geformtes „schalenartiges Gefäß".

Die Grabkammer des Prinzen Sabu

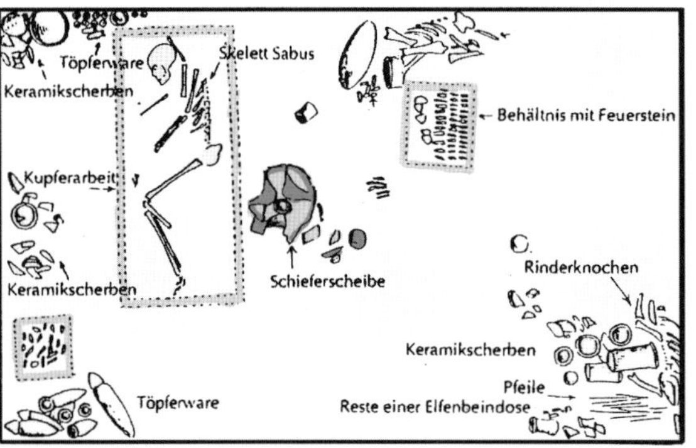

Dass der Gegenstand in der Gruft zurückgelassen wurde, ist ein archäologischer Glücksfall. Sein Fundplatz liegt im Herzen der Grabkammer, genau dort, wo man eigentlich Prinz Sabus Totenschrein vermutet hätte. Als Walter Bryan Emery die Fragmente des Utensils erblickte und untersuchte, wurde ihm bewusst, dass er auf etwas Außergewöhnliches gestoßen war. Er setzte die einzelnen Bruchstücke fein säuberlich wieder zusammen und war über das Ergebnis verblüfft. Die Restaurierung offenbarte eine technisch anmutende „Rundschale" aus Schieferstein: Sie misst 61 cm im Durchmesser, hat eine maximale Höhe von 10 cm und besteht aus drei symmetrisch nach innen gefalteten „Lappen", die am „Telleraußenrand" ringförmig miteinander verbunden sind. Der Grundriss mit den drei „Flügeln" stimmt zufällig genau mit dem bekannten internationalen Warnzeichen für Radioaktivität überein. Winzige Schleifspuren am Relikt verraten, dass die Oberfläche mit feinkörnigem Steingummi spiegelglatt poliert wurde. Die Mitte des kreisrunden Gebildes besitzt eine zentrale Bohrung wie bei einem Rotationskörper. Dieser röhrenförmige Mittelpunkt hat einen Durchmesser von 10 cm und weist zwei parallele Rillen auf. Nur eine Verzierung oder waren sie als Drehverschluss gedacht, der zu einem Gegenstück gehörte?

„Steuerrad" aus einem 5000 Jahre alten Grab?

1980 sah ich das ominöse Artefakt erstmals im Ägyptischen Museum im Original ausgestellt, allerdings ohne nähere Angaben über seine Herkunft und Bestimmung. Museumsbesucher, die in den Jahren danach das „Propellerrad" besichtigen wollten, wurden enttäuscht. Es verschwand für einige Zeit aus den Augen der Öffentlichkeit. Inzwischen ist das Kuriosum wieder Teil der rund 150 000 ausgestellten Schaustücke und trägt die offizielle Katalognummer „JE71295". Sofern nicht durch Umgestaltung oder Auslagerung in das neue Grand „Egyptian Museum" in Giseh verändert, sollte das Unikum im Obergeschoß, Saal 43 („Frühzeit"), zu finden sein. Eine originalgetreue Replik ist in der Schweiz zu sehen: im Orient-Pavillon des „Jungfrauparks" (ehemals Mystery-Park) in Interlaken. Walter B. Emery notierte in seinem Grabungsbericht: „Für das seltsame Design dieses Objekts konnte bislang keine zufriedenstellende Erklärung gefunden werden." Optisch erinnert der Fremdkörper an ein Lenkrad, eine Art Propeller oder an eine Schiffsschraube. Aber was hat so ein „Ding" der Moderne in einem 5000 Jahre alten Grab zu suchen?

Eine „Wunderschale“ im Hightechdesign

Materialanalysen ergaben, dass die radialsymmetrische Konstruktion sorgfältig aus einem einzigen Schieferblock herausgeschnitzt wurde. Das Gestein ist mit Kupferwerkzeugen, Feuerstein, Meißel, Schaber und Handbohrer leicht zu bearbeiten. Der Nachteil: filigrane Elemente können bei unsachgemäßer Handhabe schnell brechen oder zersplittern. Unbestreitbar bleibt aber, dass uns der Hersteller mit der eigenwilligen „Schüssel“ ein beispielloses Meisterstück frühzeitlicher Steinbearbeitung hinterlassen hat. Kaum vorstellbar, dass ihm dies ohne vorherige Berechnung und geometrische Schablonenhilfe glückte. Warum aber in ausgeklügelter Propellerform?

1994 legte ich dem ehemaligen NASA-Projektleiter Josef F. Blumrich (1913–2002) Fotos des seltsamen Fundes vor und wollte seine kompetente Meinung dazu wissen. Ingenieur Blumrich, Mitkonstrukteur der Saturn-V-Mondrakete, antwortete mir brieflich: „Wie so oft sind alte Dinge doch sehr interessant anzusehen. Über dem von Ihnen gesandten Material habe ich wiederholt gesessen und auch die Anmerkung dazu gelesen. Auf den ersten Blick sieht die Schale wie etwas ‚Technisches‘ aus; aber ich habe keine Ähnlichkeit mit irgendeinem tatsächlichen technischen Detail finden können.“

Neugierig geworden, wollte der Raketenexperte von mir wissen: „Im Übrigen ist die Formgebung des Objekts von einer geradezu raffinierten Schönheit; war in dem Grab sonst nichts von irgendeiner Bedeutung?“ Das bleibt Spekulation. Niemand weiß, ob den Grabschändern und Plünderern Gegenstände in die Hände fielen, die vielleicht das Geheimnis der „Luftschraube“ hätten preisgeben können.

Die ägyptologische Fachwelt vermutet in dem geschnitzten Kunstobjekt einen „kultischen“ und „religiösen“ Hintergrund. Der „Sockel einer rituellen Öllampe“ wird genauso in Erwägung gezogen wie der Stabaufsatz einer „Kultkeule“ oder eines „Zepters“. Eine praktische Anwendung halten die meisten Gelehrten für unwahrscheinlich. Das zerbrechliche Material würde einer starken Belastung, etwa bei der Hypothese als funktionierende „Schiffsschraube“, nicht lange standhalten. Das gab auch Josef F. Blumrich zu bedenken: „Schiefer oder der im Grabungsbericht erwähnte Alabaster sind beide ziemlich weiche Gesteine, die wegen ihrer raschen Abnutzung bei ernsthafter Ver-

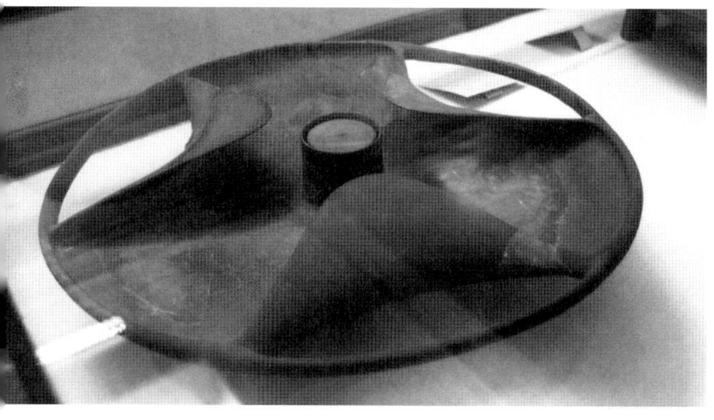

Das original „Schwungrad“, ausgestellt im Ägyptischen Museum in Kairo. Was war sein Zweck?

Der falkenköpfige Gott Sokar, hier mit Pharao Thutmosis III. abgebildet, ist der Schutzpatron der Nekropole Sakkara.

wendung technisch kaum brauchbar wären." Der Raketenkonstrukteur schloss die Möglichkeit einer Nachbildung nicht aus, bedauerte jedoch, dass er dazu „leider keine Vergleichsmöglichkeit" besitze. Dass das Steinobjekt „die Form eines ursprünglich metallischen Objektes kopierte", vermutete auch der britische Ägyptologe Cyril Aldred (1914–1991).
Vor 5000 Jahren? Hergestellt in einer Gussform aus Kupfer? Die berechtigte Frage nach Zweck und Herkunft wäre damit noch brisanter. Dazu ein mythologischer Tipp: Der mächtige Schutzpatron der Nekropole Sakkara war der Totengott Sokar. Wie Horus wurde er als Himmelsfalke dargestellt, der Erscheinungsform des regierenden Königs. Überliefert ist, dass bei seinem jährlichen Fest ein nicht näher beschriebener „Kultstein" auf einer geschmückten „Sonnenbarke" gestanden haben soll. In einer feierlichen Prozession wurde das heilige Relikt „um die Mauern" von Memphis gezogen. Sokar genoss außerdem besondere Verehrung als Schutzgott der Metallarbeiter und Handwerker.

Rund wie eine „fliegende Untertasse“

Ist Prinz Sabus „Wunderschale“ die Nachbildung eines Navigationsinstruments?

Sucht man nach technischen Vergleichsobjekten zum Wunderwerk aus Sakkara, fällt einem am ehesten noch die Ähnlichkeit mit einem „Schwungrad“ auf. Diese diskusförmigen Maschinenelemente aus Metall sind auf der rotierenden Kurbel einer Maschine oder einem Motor aufgesetzt. Sie speichern Bewegungsenergie und regulieren die Rotationsgeschwindigkeit der Geräte. „Schwungräder“ kommen in einem Spielzeugkreisel genauso zur Anwendung wie bei Moped, Auto oder Bahn. Sie sind auch Bestandteil der Raumfahrttechnik und dienen Satelliten bei der Stabilisierung. Das Grundprinzip zur Erhaltung des Drehimpulses wurde bereits vor rund 6000 Jahren mit den ersten Schwungscheiben zum Töpfern erkannt.

Dem US-Autor und Orientalist Zecharia Sitchin (1920–2010) ließ die archäologische Anomalie aus Sakkara keine Ruhe. Er suchte Rat beim Raumfahrtkonzern *Lockhead* und der Flugzeugbaufirma *AiResearch*, die neue, leistungsstarke „Schwung“- beziehungsweise „Flugräder“ für die Industrie entwickeln. „Auf meine Anfrage hin übersandte mir *AiResearch* Fotografien ihres Flugrades sowie eine Informationsmappe mit seinen kompletten technischen Daten, die mich in meiner Annahme bekräftigen, dass das antike Objekt tatsächlich eine Art Flugrad in einem hoch entwickelten Design war, das Energie in seinem dünnen Ringrahmen speicherte und in einem flüssigen Schmiermittel rotierte“, resümierte Sitchin.

Modernes Moped-Schwungrad als Vergleich.

Eine alternative Hypothese erklärt Prinz Sabus „Wunderschale“ als Modell eines Kreiselstabilisators, auch Gyroskop genannt. Sie werden als Navigationsinstrumente in der Luft- und Raumfahrt eingesetzt und dienen unter anderem im Flugzeugrumpf für die Steuerung des Autopiloten. Prominentester Einsatzort ist die internationale Raumstation ISS, wo das Gyroskop zur Lage- und Positionsbestimmung im Erdorbit dient.

Ein bekannter Raumfahrtexperte, den ich neben Josef F. Blumrich zum Sakkara-Fund befragte, ist Univ.-Prof. Dr. Ing. Harry O. Ruppe, der schon am *Apollo*-Programm im Team von Wernher von Braun mitwirkte und den Lehrstuhl für Raumfahrttechnik am Institut für Raumfahrttechnik in

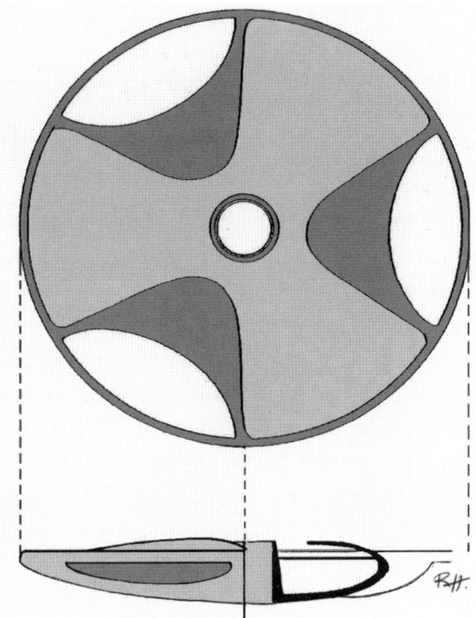

Schematische Darstellung der „Sabu-Scheibe"

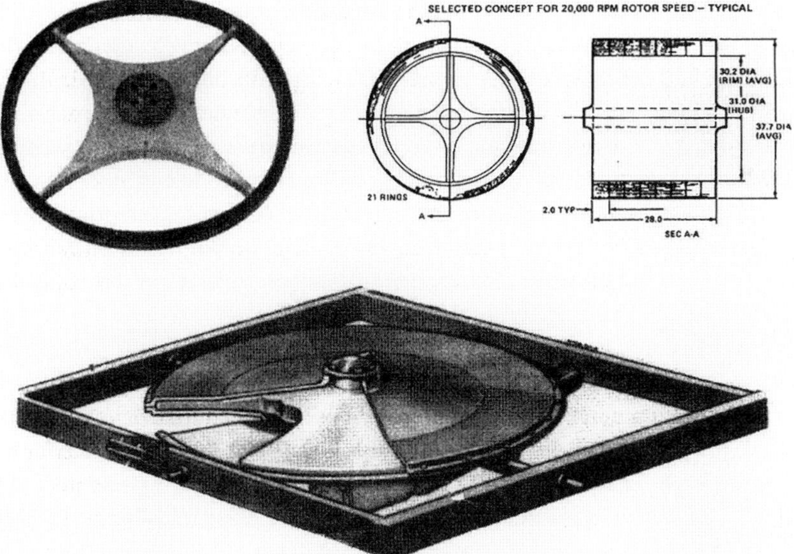

Schwungrad-Konstruktion der Flugzeugbaufirma AiResearch aus den 1970er-Jahren

München innehatte. Ruppe ist zwar skeptisch und hält es für wahrscheinlich, „dass auch Vögel, Insekten, Fledermäuse und dergleichen für einige Funde Pate gestanden haben könnten", räumt aber ein, dass dies für die Anfertigung von „Luftschrauben natürlich nicht gilt, obwohl einige Pflanzensamen propellerhafte Eigenschaften haben".

Mit den Sternen verbunden

Unverstandener Kultgegenstand, altägyptischer „Science-Fiction-Steinteller“ oder das Duplikat eines „göttlichen“ Hightechgerätes? Das „Schwungrad“ beflügelt die Fantasie. Weshalb wurde das fortschrittlich wirkende Artefakt gezielt in den Mittelpunkt von Prinz Sabus Grabkammer gelegt? Gemäß der altägyptischen Religion bedeutete der Tod nur ein in die Ewigkeit versetztes Leben. Sollte das Wunderding als symbolische „Navigationshilfe“ für die Jenseitsreise ins Unbekannte dienen? Wenn es ursprünglich jemals ein Original aus Metall gegeben hat, wohin ist es verschwunden? Und wer könnte im Zeitalter der ersten Pharaonendynastie über die technischen Fähigkeiten verfügt haben, so eine neuartige Apparatur zu konstruieren? Welcher Genius hätte die Hochtechnologie zur praktischen Anwendung besessen? Soweit bekannt, damals kein Mensch. Wer dann?

Aus den Hinterlassenschaften des Pharaonenreiches lässt sich resümieren, dass die alten Ägypter in der Summierung ihres Wissens einen Sonderplatz unter den antiken Völkern beanspruchten. Wir ahnen, dass viele erstaunliche Kenntnisse verloren gegangen sind. Anderes ist über lange Zeit in Vergessenheit geraten und manches muss erst wiederentdeckt werden. Die alten Ägypter profitierten von dem alles überragenden Wissen ihrer Priesterschaft, das im Altertum zum Bereich der Geheimwissenschaften gehörte. Doch woher bezogen die Eingeweihten ihre profunden Kenntnisse? Ihre genialen Ideenlieferanten sollen die Götter gewesen sein.

Die ägyptische Mythologie erzählt von einem geheimnisvollen „harten, glänzenden Stein“ in pyramidenähnlicher Form, der „fliegen“ konnte und „Benben“ hieß. Man bezeichnete ihn auch als „Himmelskammer“ und „Wohnstätte der Götter“. Mit diesem „Gefährt“ sollen die allmächtigen „Urgötter“ erstmals an den Stätten des Uranfangs – Heliopolis, Hermopolis und Memphis – vom Himmel gestiegen sein.

Die Vorstellung ist mit dem Urbild der Obelisken und dem berühmten Phönix-Mythos verbunden, wonach der „Vogel des Lichts“ am Boden verbrennt und aus seiner Asche scheinbar unverwundet und wie neu belebt zum Himmel emporsteigt. Das sei ein Symbol der Wiedergeburt, sagen die Fachexperten. Wäre möglich. Wäre es aber ebenso gut möglich, dass die alten Überlieferungen ein mechanisch betriebenes Fluggerät beschreiben?

Auf den Innenwänden der ältesten Pyramiden sind Hieroglyphentexte erhalten, die darüber berichten, dass die überirdischen Götter Menschen zu einer Reise ins All mitgenommen hätten.

König Pepi I. aus der 6. Dynastie (2295 bis 2250 v. Chr.) war einer von ihnen. Die Überreste seiner Pyramide befinden sich in der südlichen Region von Sakkara. Ursprünglich war sie 52,5 Meter hoch, heute ist davon nur mehr ein bescheidener Hügel übrig. Folgt man der Lehrmeinung, dann beziehen sich die in Pepis Grab hinterlassenen Texte auf irreale Jenseitsrei-

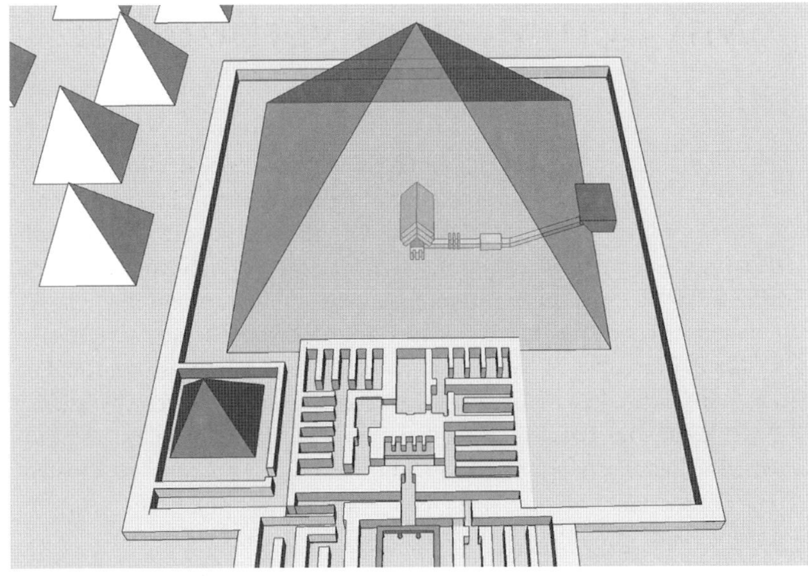

Rekonstruktion der Pyramide von Pepi I.

Ab 2023 in der NASA-Planung: Raumschiff Orion mit Besatzung unterwegs zu Mond und Mars. Ein moderner Ben-ben-Stein?

sen. Wer mit heutigen Augen die Schilderungen über den Sternenaufstieg des Königs liest, kommt jedoch ins Grübeln. Da heißt es, dass sich König Pepi in bestimmte Kleidungen hüllen musste, „geschmückt wie Horus und Thot", bevor er die himmlische Barke betreten durfte. Der Aufbruch zu den Sternen weckt Assoziationen an einen Raketenstart. Der Pyramidentext beschreibt ihn so:

„Der Himmel spricht, die Erde bebt, die Erde erzittert,
die beiden Gebiete der Götter rufen,
der Boden bricht auf,
wenn der König aufsteigt zum Himmel,
wenn er über das Gewölbe fährt.
Die Erde lacht, der Himmel lächelt,
wenn der König aufsteigt zum Himmel.
Der Himmel jubelt ihm zu, die Erde bebt für ihn.
Der donnernde Sturm treibt ihn, er donnert wie Seth.
Die Himmelswächter öffnen ihm die Türen."

Ist damit lediglich die fiktive Vorstellung einer Seelenreise des Verstorbenen gemeint? Wieso beobachten dann die auf der Erde Zurückgebliebenen das unglaubliche Schauspiel mit großer Ehrfurcht und Faszination? Wörtlich heißt es dazu:

„Sie sehen den König wie einen Falken fliegen,
wie einen Gott, zu leben bei seinen Vätern,
zu essen mit seinen Müttern.
Der König ist ein Himmelstier,
dessen Bauch voller Magie ist von der Flammeninsel."

Fantasten wie Erich von Däniken und andere Vertreter der Prä-Astronautik nehmen solche Mythen beim Wort. Weltraumfahrt im Altertum? Machen utopisch anmutende Urtexte deutlich, dass unsere Vorfahren Kontakte mit außerirdischen Intelligenzen gehabt haben? Eine kühne These lautet: Die Obelisken und Pyramiden waren Nachbilder des ursprünglichen Benben-Steines, mit dem einst die Götter vom Himmel gestiegen sind. Für die

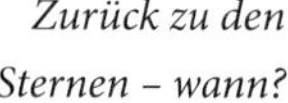

Zurück zu den Sternen – wann?

Pyramidentexte aus Sakkara

Ureinwohner in Memphis blieb das Starten und Landen des Himmelsfahrzeuges eine unverstandene Technik. Aber sie bauten in Stein nach, was sie mit eigenen Augen sahen. Ein Nachahmungskult entstand, ein sogenannter „Cargo-Kult", indem Pyramiden errichtet und Pfeiler vor Tempeln aufgestellt wurden: zur Erinnerung an das Erscheinen der Götter und ihr Raumschiff, das die Altägypter Benben nannten. Ein pyramidenähnlicher „feuerglänzender, harter Gegenstand", der „in den Himmel aufschießen" konnte.

Orthodoxe Ägyptologie wird solche Geistesfunken brüskiert als Unsinn oder Fantasie verwerfen. Die Kernfrage bleibt jedoch ungeklärt und muss aufs Neue gestellt werden: Wer waren diese mythischen „Götter" – erfundene Fantasiegeschöpfe oder doch Lehrmeister aus Fleisch und Blut? Kam das Wissen zum kulturellen Aufschwung des Pharaonenreiches einst von den Sternen? Sind „Schwungrad", „Sakkara-Flugzeug" und „Himmelstreppe" verblasste Erinnerungen an eine Zukunft, die bereits gestern war?

Statuette von König Pepi im New Yorker Brooklyn Museum York. Seine Himmelsreise wird in den Pyramidentexten lebendig beschrieben. Hat sie leibhaftig stattgefunden?

FRANKREICHS PYRAMIDEN

Das Falicon-Rätsel, die Ratapignata-Grotte und das Monument von Autun

Das Wort „unmöglich" gibt es nur im Wörterbuch von Narren.
Napoleon Bonaparte (1769–1821)

„Spitzkuchen“ überall

Pyramiden, diese großartigen Bauwunder der Geschichte, faszinieren seit Generationen Reisende und Wissenschaftler. Meist werden sie mit den bekannten Königsgräbern in Ägypten in Verbindung gebracht. Die mächtigsten Monumente stehen in Giseh bei Kairo, wo sie seit Anbeginn des alten Pharaonenreiches allen Stürmen der Zeit trotzen. Ihr Name leitet sich aus dem Griechischen „pyramis“ ab und bedeutet übersetzt „Spitzkuchen“. Die praktische Anwendung der Baumethoden, der mythologische Ursprung und der eigentliche Zweck der Wunderwerke sind nicht restlos geklärt.
Das gilt gleichermaßen für viele spitze und treppenförmig angelegte Steintürme, die wir rund um den Globus entdecken können: Besonders spitz mit auffälligem Neigungswinkel, wenn auch nicht ganz so hoch wie die ägyptischen Verwandten, sind die Pyramiden von Meroe im Sudan. Sie liegen rund 200 Kilometer östlich von Khartum und wurden um 300 v. Chr. als Grabstätten für Angehörige nubischer Königsdynastien errichtet. Pyramiden kennen wir aber ebenso aus Mexiko und Guatemala sowie aus der Volksrepublik China. Ob man auch mesopotamische Zikkurate („Himmelshügel“) und megalithische Tumuli („Hügelgräber“) im engeren Sinne zu den pyramidenartigen Bauten zählen möchte, ist Auslegungssache. Bautechnische Ähnlichkeiten sind jedenfalls vielerorts sichtbar. Lässt sich der Gleichklang immer plausibel mit Zufälligkeit abtun? Oder schöpften die Architekten der Vergangenheit aus einer kollektiven Urquelle?

Pyramiden von Giseh, Ägypten
Unten: Pyramiden von Meroe, Sudan

Eine große Anzahl kleinerer Pyramiden gibt es in Gegenden, wo man diesen Bautyp nicht unbedingt erwarten würde. In der Alpenrepublik Österreich? Sicher nicht. Und doch steht auf einer bewaldeten Bergkuppe im niederösterreichischen Waldviertel nahe Oberneustift eine rätselhafte Rundpyramide. Sie ist ohne Mörtel aus vielen Steinbrocken auf vier Ebenen zusammengesetzt und hat eine Höhe von nahezu sieben Metern. Ihr größter Durchmesser am Fundament beträgt 14 Meter. Mauerreste in der Umgebung lassen auf eine ursprünglich größere Anlage schließen. Alter und Verwendungszweck sind ungeklärt. Manche Historiker bezeichnen das Bauwerk als „Keltenpyramide“. Wahrscheinlicher ist seine Entstehung im Mittelalter oder in der Barockzeit.
Dagegen wurde die auf Sizilien entdeckte Stufenpyramide Pietraperzia nahe Enna tatsächlich in grauer Vorzeit errichtet. Ebenfalls gesichert aus prähistori-

Pyramide von Kukulkan, Mexiko

scher Zeit stammt eine der ältesten pyramidenförmigen Strukturen auf Sardinien in der Nähe der Provinzhauptstadt Sassari. Sie nennt sich „Terrasse des Monte d'Accoddi" und soll um 3000 v. Chr. entstanden sein. Pyramiden waren auch im Alten Griechenland nichts Ungewöhnliches. Reste davon können entlang der antiken Straße von Argos nach Epidauros auf der Halbinsel Peloponnes aufgespürt werden.

Das berühmteste Monument ist zugleich das ungewöhnlichste und älteste: die Pyramide von Hellenikon. Ihre Mauern aus Kalkstein ragen noch heute drei Meter hoch auf. Aus dem 55 Grad Neigungswinkel der noch vorhandenen Seitenflächen lässt sich ermitteln, dass das Baudenkmal grob acht Meter hoch gewesen sein muss.

Die Ruine erinnert verblüffend an einen anderen ungewöhnlichen Pyramidenbau, dem ebenfalls die spitze „Krone" – das Pyramidion – inzwischen abhanden gekommen ist. Der Kultbau befindet sich wiederum in einer für steinerne „Spitzkuchen" untypischen Landschaft, nämlich in Südfrankreich, nur wenige Kilometer nördlich der Hafenstadt Nizza.

Pyramide Koh Ker, Kambodscha

Unten: Pyramide von Oberneustift, Österreich

Die Pyramide von Falicon

Pyramiden in Frankreich? Da fällt einem zuerst die Glaspyramide im Innenhof des Louvre in Paris ein. Sie ist fast 22 Meter hoch und wurde Mitte der 1980er-Jahre errichtet. Weltberühmtheit wurde das Kunstwerk mit dem Kinothriller „The Da Vinci Code – Sakrileg“ aus dem Jahre 2006. In der Verfilmung nach dem gleichnamigen Roman von Dan Brown markiert die Pyramide genau jene Stelle, wo sich laut Drehbuch tief unter der Erde die Gruft Maria Magdalenas verbirgt.

In der Hügellandschaft nahe der südfranzösischen Gemeinde Falicon versteckt sich ein Pyramidenrätsel.

Fantasy, gewiss. Wie aber verhält es sich mit jenem sonderbaren Pyramidenbau nahe Nizza, der von irgendjemand irgendwann bewusst über unterirdischen Hohlräumen errichtet wurde? Die Fachliteratur kennt das Denkmal unter der Bezeichnung „Pyramide von Falicon“. Ein recht großzügig gefasster Begriff ... Wer das Dorf Falicon anpeilt, wird ernüchtert feststellen, dass man sich zwei Kilometer östlich vom tatsächlichen Standort entfernt befindet. Erstmals hatte ich als Jugendlicher bei Robert Charroux (1909–1978) über die französische Pyramide gelesen. In seinem Buch „Meister der Welt“ vermerkt der französische Schriftsteller: „100 Meter vom Gipfel entfernt erhebt sich die Pyramide. Sie ist aus Quadersteinen errichtet, die mit Zement verbunden sind. Die Qualität des Zements ist besser als jene des römischen. Die Kanten der Pyramide sind ungleich, da sie auf einem steilen Abhang liegt. Sie erhebt sich über einer großen Höhle, die sich gleich einem riesigen, abgrundtiefen Rachen mit einem Durchmesser von 2 bis 3 Metern öffnet.“

Der in den Stein aufgebrochene Eingang an der südostseitigen Front soll ursprünglich mit einem Eisentor versiegelt gewesen sein. Es heißt, dass bis 1921 ein hakenkreuzartiges Swastika-Symbol über dem Giebel sichtbar war, das zerstört oder geraubt wurde. Ältere Erzählungen wissen außerdem von einer „unlesbaren“ antiken Inschrift, die seit 1901 fehlt. Wer war der Baukünstler?

Die Ratapignata-Grotte

Die Lage der Pforte erlaubt einen besonderen Lichteffekt. An Sommertagen beleuchten Sonnenstrahlen zwischen zehn und zwölf Uhr eine mächtige Kalzitsäule, die das Gewölbe des unterirdischen Saales trägt. Sie zeigt mit etwas Fantasie das Porträt eines Mannes im Profil. Das Betreten der Höhle Ratapignata, wörtlich „Fledermaus-Grotte", ist nicht ungefährlich. Die Pforte wurde vom Pyramidenerbauer so angelegt, dass ungebetene Besucher sofort mehrere Meter senkrecht hinunter in den Grottenschlund stürzen. Hier kommt man nur mit Strickleiter, Höhlen- und Bergsteigerausrüstung weiter.

Pforte in die Grotte Ratapignata

Das Innere gleicht einer Kathedrale aus Stalagmiten und Stalaktiten, die in bizarren Formationen vom Boden und der Decke wachsen. Sie dienen heute ausschließlich Schwärmen von Fledermäusen als Behausung. Das war nicht immer so. Eine Art Tabernakelstein, schachtartige Vertiefungen und sieben Stufen, die gezielt von Menschenhand aus dem Fels herausgehauen wurden, geben Zeugnis davon. Der tempelartige Raum ist 22 Meter lang und misst an der breitesten Stelle etwa 15 Meter. Durch schmale Öffnungen gelangt man zu kleineren Hohlräumen, die eine Etage tiefer liegen. Zahlreiche Felsspalten, teils verschüttet, teils zu eng für Erkundungen, nähren die Gerüchteküche, wonach es noch etliche bisher unerforschte Geheimgänge geben soll, die bis an die Riviera führen. Die lokale Bevölkerung weiß von einer Volkssage, wonach einst eine Katze in die Höhle geworfen wurde, die schließlich über die Kanalisation im Hafen von Nizza wieder ans Tageslicht kam. Ein Ammenmärchen? Indes vielleicht mit wahrem Kern?

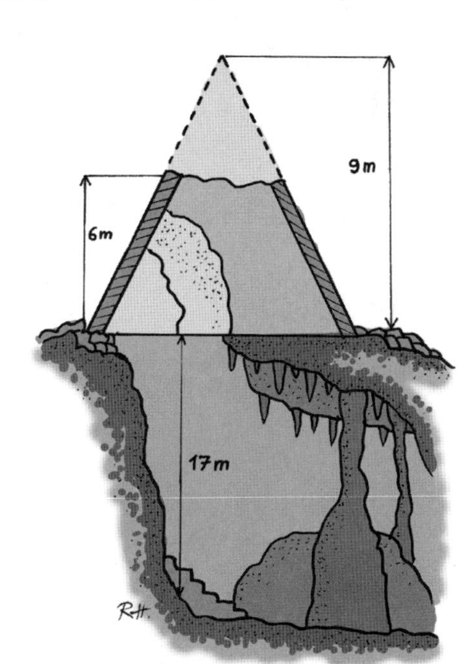

Die Unterwelt der Pyramide von Falicon führt 17 Meter in die Tiefe.

Tollkühne Spekulationen

Über das Alter und den Zweck des Bauwerkes wurden viele kühne Thesen verbreitet. Fantasten glaubten, es handle sich um das Grab eines ägyptischen Pharaos, der in Südfrankreich im Exil lebte. Andere erklärten, römische Legionäre wären die Bauherren gewesen und hätten im Inneren der Grotte einen Tempel zur Einweihung und Anbetung des Sonnenheros Mithras errichtet. Im Mittelalter soll die Stätte Leprakranken und Eremiten als Zufluchtsort gedient haben. Erzählt wird, der heilig gesprochene Ordensgründer Étienne de Muret alias Stephan von Thiers (um 1044–1124) hätte in der Höhle als Einsiedler gelebt. Da im 12. Jahrhundert angeblich Tempelritter in Falicon gewohnt haben sollen, wurde auch darüber spekuliert, die Felsgrotte beherberge geheime Verstecke mit einem Schatz des Ordens. Bis heute hält sich das Gerücht, im Untergrund seien Einweihungsriten für Geheimbünde und esoterische Mysterienkulte zelebriert worden.

Domenico Rossetti: Pyramiden-Entdecker oder Bauherr im Auftrag der Freimaurer?

Nichts von alldem lässt sich stichhaltig belegen. Und doch ist die Bestimmung der Stätte bis heute ungeklärt. Als historisch gesichert gilt, dass der italienische Literat, Anwalt und Forscher Domenico Rossetti (1772–1816) – nicht zu verwechseln mit seinem Namensvetter Graf Domenico Rossetti de Scander – bei seinem Aufenthalt in Nizza die Stätte entdeckt und erforscht hat. Das war anno 1803. Die Begeisterung darüber hat der Gelehrte im Gedicht „La Grotta di Monte Calvo" zu Papier gebracht und 1811 in Turin veröffentlicht. Darin enthalten ist eine Grafik, die Rossetti mit der Pyramide (damals noch unversehrt mit Spitze) zeigt. In dieser Zeit wurde der Fundort in regionalen Reiseführern aufgelistet. Historische Dokumente belegen, dass Einheimische damals interessierten Besuchern Leitern vermietet hätten, damit diese ins Innere der Grotte Ratapignata steigen konnten. Frühere schriftliche Aufzeichnungen sind nicht bekannt. Für die meisten Archäologen steht daher fest: Das Denkmal kann nicht viel älter sein und wurde vermutlich in den ersten Jahren des 19. Jahrhunderts errichtet. Anders die Höhle selbst: Sie ist uralt und könnte bereits Menschen der Vorzeit als Unterschlupf gedient haben.

Manche Forscher unterstellen, Rossetti sei selbst der Architekt der Pyramide gewesen. Der Italiener war Logenbruder der Freimaurer, studierte Hebräisch und Griechisch und könnte – so wird spekuliert – mit dem für den Männerbund bedeutsamen Pyramidensymbol den Höhleneingang markiert haben.

Verzögerte Wertschätzung

Über zwei Jahrhunderte lang interessierte sich kaum ein Archäologe oder Höhlenforscher für die Pyramide und ihr geheimnisvolles Innenleben. Erst im August 2007 folgte die staatliche Anerkennung als „Historisches Gebäude“, seither steht es unter nationalem Denkmalschutz. Die Patenschaft und weitere Untersuchungen haben Wissenschaftler des Instituts IPAAM (Institut de préhistoire et d'archéologie Alpes-Méditerranée) in Nizza übernommen. In einer umfassenden Studie präsentierten die Forscher alle verfügbaren Dokumente zur Falicon-Pyramide und der Ratapignata-Grotte. Dabei drangen die Denkmalschützer, soweit technisch möglich, in die tiefsten noch unerforschten Winkel vor, führten topografische Messungen durch und lieferten faszinierendes Bildmaterial. Und doch bleiben Fragen offen. Niemand vermag mit Gewissheit zu sagen, wohin die vielen schmalen Felsspalten führen, die das Höhlensystem an Gewölben und Seitenwänden wie ein Netzwerk durchziehen. Und der Pyramidenrest? Wurde er inzwischen herausgeputzt, renoviert und ist eine begehrte Touristenattraktion in der Region Provence – Alpes – Côte d'Azur? Nur ein Besuch vor Ort konnte meine Neugierde stillen.

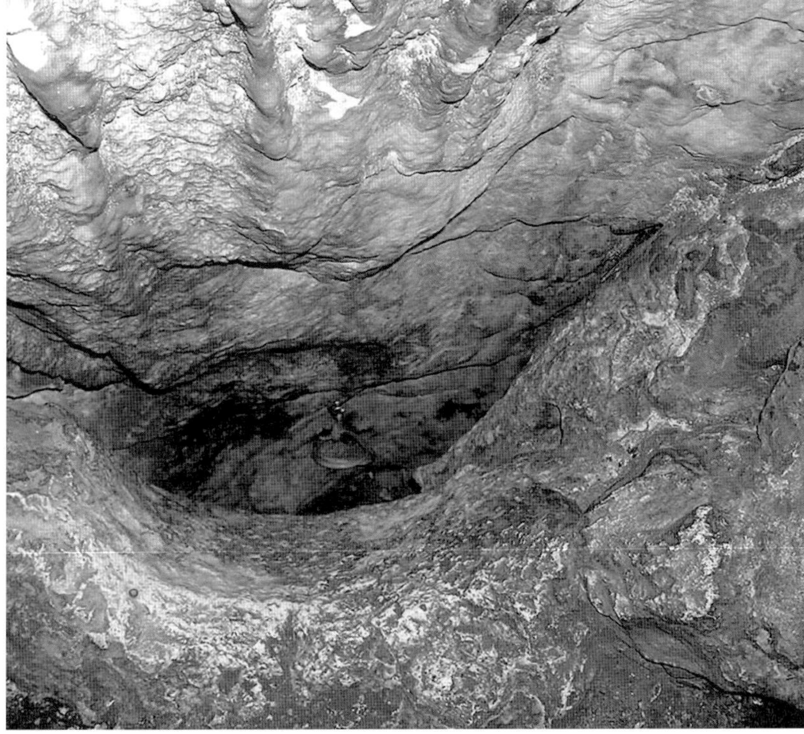

Ein kleines „Schlupfloch“ führt eine Etage tiefer. Manche Bereiche sind noch unerforscht.

Ausflug zum „geschützten Baujuwel“

Bei meinen Mystery-Pyramiden-Exkursionen wie immer mit dabei: meine Lebensgefährtin Elvira. Wir steuern in Nizza das nächste Tourismusbüro an und machen uns über den besten Reiseweg kundig. Was wir ernten sind ein müdes Lächeln und ungläubiges Kopfschütteln: „Eine Pyramide? Hier in der Umgebung von Nizza? Noch nie gehört!“
Eine passende Straßenkarte von Nizza und Umgebung hilft weiter. Wir starten bei der Station Carnuschi im Norden von Nizza. Mit der öffentlichen Buslinie 25 geht es weiter Richtung Falicon. Wir machen einige Stationen vorher halt zwischen Aire Saint-Michel und La Bastide. Laut Plan kann es nicht mehr allzu weit zum ersehnten Zielort sein. Doch selbst hier, nicht unweit des markanten Bauwunders, scheinen Einheimische das „historische Denkmal“ nicht zu kennen. Seltsam, nirgendwo eine Information, die auf das geschützte Monument hinweisen würde. Erst nach mehrmaligem Nachfragen erinnert sich ein Anrainer daran, dass er vor Jahrzehnten im Gelände eine Ruine besichtigt habe, die die gesuchte Pyramide sein müsste. Er weist uns den Weg, der über schmale Gassen an Villen und Gartenhäuschen vorbeiführt. Es geht steil bergauf bis zum Eingang des Naturparks La Vallière. Wir Stadtmenschen kommen ins Schwitzen.

Vor uns jede Menge Trampelpfade, aber kein Wegweiser direkt zur Pyramide. Wir wandern allein. Nach einer knappen halben Stunde erblicken wir alte Mauerreste eines Steinhäuschens. Dahinter führt ein schmaler Tram-

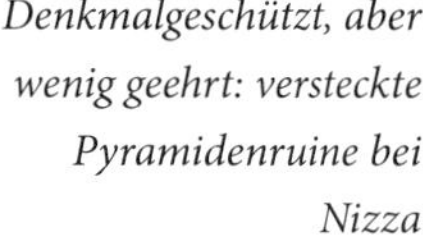

Denkmalgeschützt, aber wenig geehrt: versteckte Pyramidenruine bei Nizza

Blick von der Pyramidenplattform hinunter zum Grottenschlund

pelpfad hinaus ins freie Gelände. Wir marschieren über Privatbesitz (der öffentlich genutzt werden darf) weiter. Nach etwa zehn Minuten Spazierengehen durch wilde Naturlandschaft taucht vor uns ein großes Buschwerk auf und dahinter versteckt endlich die Silhouette der legendären Pyramide! Spätestens hier würde jeder Wandervogel einen Hinweis erwarten, der über das „geschützte Denkmal" nähere Auskunft gibt. Nichts dergleichen. Das Bauwerk steht völlig isoliert am steilen Hang auf 430 Metern Seehöhe und ist nur mit Mühe zu finden. Selbst der Eingang in die Höhle präsentiert sich uns ungeschützt. Es gibt weder ein Sicherheitsgitter noch warnt ein Schild vor der Gefahr, dass es hier senkrecht in den Kraterschlund geht. Würden Elvira und ich einen Abstieg wagen, Hals- und Beinbruch wären uns garantiert. Langsam dämmert uns, dass die Behörden und Grundstücksbesitzer offenbar kein wirkliches Interesse daran haben, Touristen und Wanderer zum historischen Denkmal zu lotsen. Wer es dennoch bis zum begehrten Ziel geschafft hat, wird nicht enttäuscht. Schon der Panoramablick in die umliegenden Täler und Hügel, bis hin nach Nizza und der Mittelmeerküste, ist atemberaubend und entschädigt für jede Strapaze.
Und natürlich die Pyramide! Besser gesagt das, was von ihr übrig geblieben ist. Ihre Hauptkanten und Grundlinien mit Längen zwischen 5 und 6,50 Metern sind noch gut erhalten. Dennoch haben natürliche Erosion und Vandalismus Spuren hinterlassen. An den kleinen abgerundeten Steinplatten, die vielleicht ursprünglich mit einer geglätteten Kalkschicht überzogen waren, wird das im Detail sichtbar. Der obere Abschnitt fehlt. Ob mutwillig zerstört, von Souvenirjägern abgetragen oder als Baumaterial anderweitig verwendet, bleibt ungeklärt. Setzt man voraus, dass die Pyramide oben spitz zulief, muss sie einst neun Meter hoch gewesen sein.

Die unbeachtete „Zwillingsschwester“

Von der Markierung als Höhleneingang oder als Freimaurersymbol einmal abgesehen, haben Historiker noch eine andere nüchterne Erklärung für das Bauwerk parat: Die Falicon-Pyramide sei demnach einfach ein Werk, das an Napoleon Bonapartes Ägyptenfeldzug (1798–1801) erinnern soll. Sie wäre nichts weiter als eine Folge und Ausdrucksform der „Ägyptomanie“, die damals als gesamteuropäisches Phänomen populär war. Zeitlich würde das passen. Parks und Gärten des späten 18. Jahrhunderts und Friedhöfe des 19. Jahrhunderts sind übersät mit Denkmälern in Pyramidenform. Imposante Standbilder lassen sich unter anderem auf dem Marktplatz von Karlsruhe, im Barockgarten von Potsdam, im Schlossgarten Garzau oder im Branitzer Park bei Cottbus entdecken. Bleibt man in der Region Côte d'Azur, dann bietet sich ein Ausflug zum Schlosshügel von Nizza an. Hier liegen nebeneinander ein christlicher und ein jüdischer Friedhof (Cimetière du Château) mit sehenswerter Architektur im neoägyptischen Baustil.

Die Falicon-Pyramide hat eine „Zwillingsschwester“ in Marseille: die Pyramide „Roy d'Espagne“ (historisches Foto um 1900).

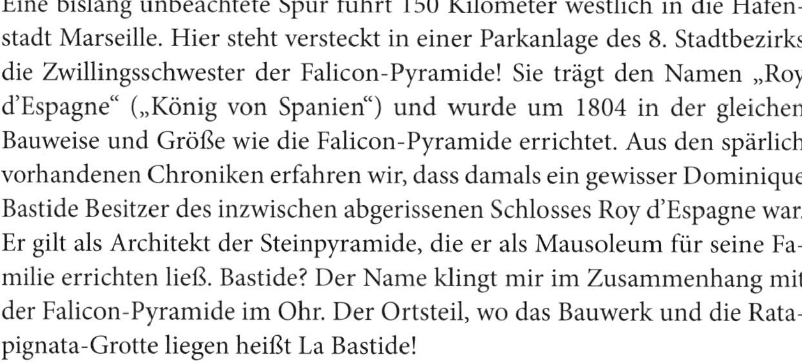

Was bei der „Ägyptomanie“-These dennoch irritiert: Die Verbindung zwischen Pyramidendenkmal und der Funktion als Höhleneingang. Das ist, wenn man die Bestimmung als Grabmal ausschließt, recht ungewöhnlich. Und ist es wirklich plausibel, dass ein napoleonisches Ehrenmal an einem wenig sichtbaren und schwer zugänglichen Ort errichtet wird? Wäre es nicht Sinn und Zweck eines solchen Gedenksteins, dass man ihn auch sieht und rühmt?

Eine bislang unbeachtete Spur führt 150 Kilometer westlich in die Hafenstadt Marseille. Hier steht versteckt in einer Parkanlage des 8. Stadtbezirks die Zwillingsschwester der Falicon-Pyramide! Sie trägt den Namen „Roy d'Espagne“ („König von Spanien“) und wurde um 1804 in der gleichen Bauweise und Größe wie die Falicon-Pyramide errichtet. Aus den spärlich vorhandenen Chroniken erfahren wir, dass damals ein gewisser Dominique Bastide Besitzer des inzwischen abgerissenen Schlosses Roy d'Espagne war. Er gilt als Architekt der Steinpyramide, die er als Mausoleum für seine Familie errichten ließ. Bastide? Der Name klingt mir im Zusammenhang mit der Falicon-Pyramide im Ohr. Der Ortsteil, wo das Bauwerk und die Ratapignata-Grotte liegen heißt La Bastide!

Die auffälligen Gemeinsamkeiten lassen auf eine vereinte Geschichte schließen. Wieso nahmen Historiker bislang keine Notiz davon? Auch die Frage, woher die Inspiration zum Bau der beiden Pyramiden kam, liegt im Dunkeln. Auswüchse der damals stark verbreiteten „Ägyptomanie“? Denkbar, aber keine zwingende Schlussfolgerung. Für beide Pyramiden charakteristisch ist der extrem schräge Neigungswinkel ihrer Seitenlängen.

Die Pyramidenreste von Autun

Neben den Zwillingsbauten von Falicon und Marseille existiert noch eine weitere außergewöhnliche Pyramide im Département Saône-et-Loire. Ihre Überreste liegen auf einem römischen „Urnenfeld" nahe der Ortschaft Autun (das frühere Augustodunum) im Osten der Region Burgund. Der Monumentalbau mit steilem Neigungswinkel und elf Quadratmetern Bodenfläche hatte die Höhe von 33 Metern, heute sind es noch 25 Meter. Die Pyramide wurde nach ihrem Entdecker „Pyramide de Couhard" getauft und ist nachweislich rund 2000 Jahre alt. 1960 wurde am Sockel des Monuments eine Tafel aus Blei gefunden. Sie misst 15,8 mal 5,8 cm und enthält „magische Inschriften" in Latein und Griechisch. In ihrem Sinn wurden die „verhexten" Texte bisher nicht verstanden. Der Fund aus der Frühzeit wird im Stadtmuseum Rolin in Autun aufbewahrt.

Welche Bedeutung hatte die Autun-Pyramide in römischer Zeit?

Wer sie wozu errichtet hat, weiß niemand. Der Bogen ihrer möglichen Funktion ist weit gespannt: Observatorium, Signalturm, Mausoleum, Scheingrab oder Siegesdenkmal lauten die gängigsten Hypothesen. Keine überzeugt wirklich. Im Ziegelmauerwerk wird ein künstlicher Schacht oder eine Aushöhlung vermutet, doch bisher fehlt der Beweis für Hohlräume. Alte Kupferstiche bezeugen, dass die Pyramide bis zum 16. Jahrhundert mit weißen Marmorplatten verkleidet war.

Das Verblüffende: Wir finden die gleiche pyramidenförmige Bauart beim 36 Meter hohen Denkmal des Volkstribuns Gaius Cestius Epulo an der Piazza Ostiense in Rom. Es besteht ebenso aus Ziegeln, die mit weißen Marmorplatten verkleidet sind. Ein schmaler, niedriger Gang führt hinein zu einer 4 mal 6 Meter großen Gruft. Als Papst Alexander VII. anno 1663 den Zugang zur Pyramide freilegen ließ, fand man nur ein leeres Grab. Selbst die sterblichen Überreste des hohen römischen Beamten sind verschwunden. Grabräuber im Mittelalter hatten die Kammer geplündert.

Das Monument ist die einzige noch erhaltene römische Pyramidengrabstätte aus dem ersten vorchristlichen Jahrhundert. In jener Zeit soll es in der Ewigen Stadt mindestens vier weitere Standbilder dieser Art gegeben haben. Marmorblöcke aus einer Pyramide, die nahe der heutigen Engelsburg stand, wurden im Bereich des Petersdoms verbaut. Recycling nennt das die Industrie. Anerkennender wäre die Erhaltung gewesen. Ab und zu erinnern romantische Nachbeter an vergangenen Ruhm. Sind die eigenartigen Pyramiden von Falicon und Marseille verkleinerte Kopien der römischen Cestius-Pyramide?

VERHEXTE VERFORMUNGEN

Heilige Abdrücke, kuriose Kultsteine und der „Thron des Teufels“

Aus jener Zeit, die man „damals“ nennt, die man heute
nur mehr aus Märchen kennt, liegt wie ein Bote im Wald ein Stein und
so wird's wohl auch noch in tausend Jahren sein.

Roland Kernstock,
Schriftsteller und Liedermacher aus dem Waldviertel

Wundersame Souvenirs

DIE FUSSABDRÜCKE VON JESUS UND MOHAMMED

Gibt es verborgene Kräfte, durch die Steine weich wie Butter werden können? Bei eigentümlichen Versteinerungen, die an Fuß-, Knie, Arm- oder Handspuren erinnern, könnte man zu dieser Auffassung gelangen. Solche Funde stehen meist in Verbindung mit Sagen über Hexen, Dämonen, Götter, Helden und Heilige. Die berühmtesten Beispiele sind die angeblichen Fußabdrücke von Jesus in den Kirchen „Quo vadis Domine" und „San Sebastiano" an der *Via Appia Antica* in Rom sowie in der Himmelfahrtskapelle auf der höchsten Stelle des Ölbergs in Jerusalem. Es soll jener Platz sein, wo Christus zum Himmel aufgefahren ist.

Fußabdrücke in der Kirche Santa Maria an der Via Appia Antica in Rom. Stammen sie wirklich von Jesus?

Dagegen gibt es in Srinagar im Himalaja-Staat Kaschmir ebenfalls Fußabdrücke, die Wundmale zeigen und einer Legende zufolge Jesus zugeschrieben werden. Einige Forscher schließen daraus, dass sich dort im Haus „Rozabal" das Grab des Erlösers befindet. Ebenfalls deutliche Zeichen seiner Existenz soll der islamische Religionsstifter Mohammed im 7. Jahrhundert der Nachwelt hinterlassen haben. Eine Steinplatte mit dem angeblichen Fußabdruck des Propheten wird im Topkapi-Palast in Istanbul aufbewahrt. Und am Tempelberg in Jerusalem sieht man im Fels Fußspuren, die dem Glauben nach von Mohammed verewigt worden sind, als er der Überlieferung nach mit dem geflügelten Luftgefährt Al-Buraq zu einer Himmelsreise aufstieg. Auch Fingerabdrücke, die vom Erzengel Gabriel stammen sollen, sind im Stein zu erkennen.

UNBEACHTETES „CHRISTUS-RELIEF"

Ein einzigartiges Steinexponat stammt aus La Mana in Ecuador. Es ist erzhaltig, zieht Magnete an, misst 24 cm in der Länge, 18 cm in der Breite und ist 6 cm dick. Die Vorderseite zeigt unterschiedliche miteinander verschmolzene Gesteinsformen, die die Konturen eines bärtigen Gesichtes bilden. Manche Betrachter erinnert das Antlitz an das Aussehen jenes Mannes, das auf dem Turiner Grabtuch wiedergegeben ist. Für Gläubige ist es ja das Leichentuch, in dem Jesus von Nazareth nach der Kreuzigung begraben wurde. Die Rückseite des Steinfundes gibt ebenfalls Rätsel auf: Im Gestein ist eine linienförmige Einlegearbeit zu sehen, die in gewundener Schlangenform in die Spitze eines Dreiecks mündet. In den 1980er-Jahren wurde das Relikt gemeinsam mit rund 300 anderen grotesken Kunstobjekten unbekannten Ursprungs in einer verlassenen Goldmine entdeckt und befindet sich heute in Privatbesitz (siehe Farbabbildung S. 57).

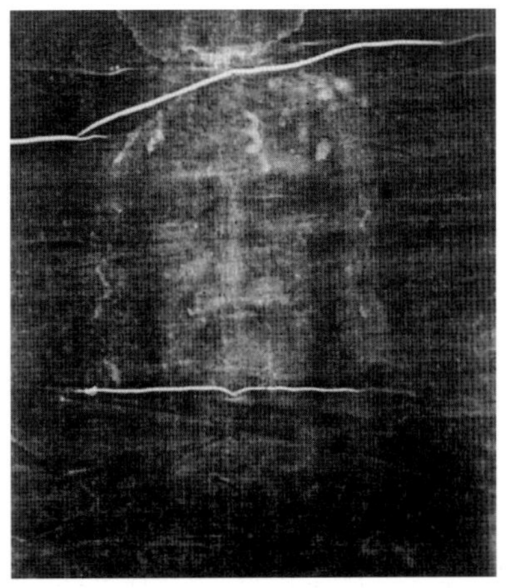

Antlitz auf dem Turiner Grabtuch.

DAS SEEFELDER ALTARGEHEIMNIS

Es gibt Legenden mit sichtbaren Spuren, wo Menschen unvermittelt im weich gewordenen Steinboden versanken. Ein Vorfall hat sich als Altargeheimnis im österreichischen Wallfahrtsort Seefeld (17 Kilometer westlich von Innsbruck) erhalten. Die Chronik erzählt, dass am 25. März 1384 ein Ritter namens Oswald Milser sich nicht mit einer kleinen Hostie begnügen wollte, wie sie fürs arme Volk üblich war, sondern das „große Sakrament" forderte. Aus heutiger Sicht ein lächerliches Ansinnen, damals jedoch ein unverzeihlicher Frevel. Der Pfarrer hatte eine Heidenangst vor dem Rüpel, reichte ihm widerwillig die große Hostie, und dann soll der Sage nach das Unfassbare passiert sein: Die Oblate begann zu bluten und Milser versank einen halben Meter tief in der Erde. In Panik hielt er sich am ebenfalls butterweich gewordenen Altarstein fest. Dort wurden Finger und Handfläche als steinerner Abdruck verewigt. Erst als der Priester die blutige, mit Bisszeichen versehene Hostie aus dem Mund des Ritters nahm, festigte sich der Boden wieder. In der Seefelder Pfarrkirche St. Oswald wird diese Wunderhostie in der Blutskapelle aufbe-

Der Legende nach versank 1384 Ritter Oswald Milser knietief im plötzlich weich gewordenen Stein. Spuren seiner Hand- und Fußabdrücke sind am Fußboden und an der Altarkante der Pfarrkirche Seefeld in Tirol sichtbar.

wahrt. Wer dem Autor folgt und sich beim Schatzhüter Pfarrer Egon Pfeifer höflich nach dem Steinrätsel erkundigt, dem wird das Geheimnis enthüllt. Das Tuch wird vom Hochaltar entfernt und zum Vorschein kommen, an einer Kante Spuren der Vertiefung, in die Finger und Handfläche passen. Daneben am Kirchenboden hinter Gittern geschützt: jene Stelle, wo – der Legende nach – Oswald Milser knöcheltief im Erdreich versunken sein soll. Die Abdrücke seiner Schuhsohlen sind noch heute sichtbar.

NOCH MEHR HAND- UND FUSSSPUREN

Weniger spektakulär, aber genauso merkwürdig sind der „Teufelstritt" im Boden der Liebfrauenkirche in München, die Abdrücke der angeblichen Hände der Jungfrau Maria in der Tiroler Erscheinungsstätte „Maria Tax" in Stans, der wie ein Polstersessel geformte „Hemmastein" im Dom von Gurk in Kärnten, der fußförmige „Teigstein" in der Kirche von St. Wolfgang bei Altenmarkt an der Alz in Bayern oder der „Gallusstein" bei der Pfarrkirche zu Arbon im Schweizer Kanton Thurgau. Dort befindet sich auf der Westseite der Galluskapelle eine unscheinbare Nische mit einer eingemauerten Steinplatte. Auf ihr sind zwei fußartige Vertiefungen hinterlassen, die vom heiligen Gallus stammen sollen. Die Sage erzählt, der Namenspatron der Stadt St. Gallen habe im Jahr 637 in Arbon gegen den leibhaftigen Höllenfürst gekämpft. Dabei hätte sich Beelzebub in einen Bären verwandelt und beim hitzigen Gefecht sei dann der Boden weich geworden. Als sichtbares Andenken für diese heilige Prügelei wären die Fußabdrücke des Gottesmannes zurückgeblieben.

Schwarzer Tritt am Boden der Eingangshalle der Münchner Frauenkirche. Der Sage nach stammt er vom Teufel.

NATÜRLICHE UND KÜNSTLICHE ZEICHEN

Der fromme Glaube an märchenhafte Episoden aus dem Heiligenlexikon hat an Überzeugungskraft eingebüßt. Wir wissen längst, dass versteinerte Wunder meist eine natürliche Ursache haben. Dazu zählen Schalen, Wannen und Mulden, die von Naturfreunden gerne als „Opfersteine" oder „Altarsteine" bezeichnet werden. Es gibt ebenso sonderbare Höhlungen mit flachen und tiefen Lösungsrinnen, die durch fließendes Niederschlagswasser entstehen. Der Fachmann nennt diesen Ablauf „Karren". Beim Phänomen der Schalensteine reicht diese Erklärung aber nicht aus. Natürliche Auswaschungen können solche Mulden zwar entstehen lassen, doch die meisten der bizarren Steinformen sind künstlich geschaffene Vertiefungen. Sie sind in unterschiedlicher Größe und Form (von winzigen Näpfchen bis zu einem halben Meter im Durchmesser) auf Felsplatten, Steinwänden und

Schalenstein in Kautzen, Niederösterreich

bei Megalithgräbern von Menschen hinterlassen worden. Der Ursprung der Schalensteine reicht zurück bis in eiszeitliche Epochen.
Archäologen rätseln über Sinn und Zweck dieser Mulden, die mitunter durch Linien oder geometrische Muster miteinander verbunden sind. Die häufigsten Erklärungsversuche reichen von Kalender, Fruchtbarkeitssymbolik und Wegweiser bis zu Darstellungen von Sternbildern. Es gibt prähistorische Schalensteine, manche künstlich geschaffen, andere natürlichen Ursprungs, die später zu Fußabdrücken christlicher Heiliger erklärt wurden. Beispiele dafür sind der Magnustritt im bayerischen Füssen oder der Christophorus-Stein bei Harmannstein im nördlichen Waldviertel. Dort markiert er auf dem 836 Meter hohen Johannesberg den Eingang zur Johanneskapelle.

Schalenstein-Rätsel aus Sonnenberg/Südtirol: Wozu dienten die künstlichen Vertiefungen?

Hängendes Felsgebilde im Wienerwald

Die Herkunft und Bedeutung vieler alter Kultsteine ist umstritten. Es kann nicht ausgeschlossen werden, dass es bei einigen Relikten tatsächlich einen Zusammenhang mit der Missionstätigkeit heiliger Männer und Frauen gibt. Viele dieser merkwürdigen Gebilde verbindet eine Gemeinsamkeit: Sie sollen wundersame Heilkräfte besitzen und hatten offenbar bereits in vorchristlicher Zeit eine besondere Bedeutung. Andere wurden wegen ihrer „heidnischen" Vergangenheit verteufelt. Es gibt viele Belege dafür, dass erstarrte Steinwunder einst auf prähistorischen Kultstätten standen, lange bevor sie im Zuge der Christianisierung eine neue Deutung erhielten.
Ein solch ungewöhnlicher Platz ist der „Hängende Stein" bei Unterkirchbach im nördlichen Wienerwald, drei Kilometer südöstlich von Königstetten. Der mächtige Sandsteinblock liegt etwas versteckt im Dickicht und scheint über einem Steilhang förmlich in der Luft zu schweben. Strahlenforscher verspüren an diesem energiereichen „Kraftplatz" verstärktes Pendel- und Rutenzucken. Geologen nehmen an, dass die Erosion durch Wind und Wasser zur Entstehung der grotesken Form geführt hat. Dennoch kann nicht ausgeschlossen werden, dass unsere Urahnen bei der Bearbeitung etwas mitgeholfen haben. Heißt es doch, dass der „Hängende Stein" einst ein heidnischer Opferstein gewesen sein soll. Was wurde geopfert und wie? Beachtenswert sind auf der felsigen Oberfläche zahlreiche menschliche „Visitenkarten". Dazu zählen Sitzmulde, Schalenstein und Näpfchen aus archaischer Zeit. Daneben sind aber ebenso „Verschönerungen" aus jüngeren Epochen erkennbar: Umrisse einer Taube, eine Herzform, Initialen, Jahreszahlen und ein Hakenkreuz. Dem Bergsteiger, Vielschreiber und Amateurarchäologen Karl Lukan (1923–2014) blieb zeitlebens kein sonderbarer Kultplatz der Alpenregion verborgen. Die kulturhistorische Forschung verdankt seiner Pionierarbeit viel. Ohne Karl Lukans Neugier und Wissbegier wären viele alte Kunst- und Kulturrelikte längst in Vergessenheit geraten. Über das „Felsgebilde" bei Unterkirchbach bemerkte der Alpinist:

„Sicher wissen wir, dass unsere heidnischen Vorfahren keine Tempel kannten, sondern sogenannte ‚Naturheiligtümer' die Stätten ihrer besonderen Verehrung waren. Vom ‚Hängenden Stein' in seiner Waldeinsamkeit wird erzählt, dass es bei ihm nicht ganz geheuer sei; solche Erzählungen gibt es fast über alle einstigen Opferstätten. Es spricht also einiges dafür, im ‚Hängenden Stein' einen Altar unserer Vorfahren zu sehen, einen sogenannten Schalenstein."

Magnete anziehender La-Mana-Stein mit modelliertem Gesicht eines bärtigen Mannes. Gibt es einen Zusammenhang zum Abbild auf dem Turiner Grabtuch?

Der Legende nach versank 1384 Ritter Oswald Milser knietief im plötzlich weich gewordenen Stein. Spuren seiner Hand- und Fußabdrücke sind am Fußboden und an der Altarkante der Pfarrkirche Seefeld in Tirol sichtbar.

Rückseite des La-Mana-Steines mit geometrischen Applikationen

Steinkuriosum aus dem Waldviertel

Hängender Stein bei Unterkirchbach

Detail Teufelssitz bei Falkendorf, Niederösterreich

Wozu dienten die künstlichen Vertiefungen? Hier ein Schalenstein in Mitterretzbach, Niederösterreich.

Nach Armer-Seelen-Sitz, Teufelssitz und Jagasitz wird der Sonderling zum Autorensitz.

Die Costa-Rica-Steinkugeln

Verborgenes im Wienerwald: bearbeiteter Stein unbekannter Herkunft und Bedeutung

Launen der Natur: Steinkugeln auf der Südinsel Neuseelands

Perfekte Kugel mit Granitaltar aus dem Dschungel von Ecuador

Balkan-Kugel und Autor

Der antike Himmelsglobus von Matelica

Ovale Gravur: Mund, Schiff oder UFO?

Original Drachenstein im Naturmuseum von Luzern

Detail einer unverstandenen Gravur

Graffiti am Hängenden Stein

Archäologisch unerforscht

Man möchte annehmen, der Wienerwald sei archäologisch erschlossen. Welch voreiliger Schluss! Im unwegsamen Gelände rund um den Kultstein gibt es immer noch Unbekanntes zu entdecken, das kein Archäologe bisher untersucht hat. Karl Lukan hätte jeder neue Fund begeistert. Die Entdecker-Exkursion im Mai 2015 kam für ihn zu spät. Nicht aber für seine Frau Fritzi Lukan. Die rüstige 86-jährige Bergsteigerin, Radiästhetin und Fotografin aller Lukan-Bücher war eifrig mit dabei, als unser fünfköpfiges Team auf Spurensuche ging. Das Feuer entflammt hatte mein Forscherkollege Oliver Stummer, der mir von einem seltsam geformten Steinrelikt erzählte, das versteckt in der Klamm liegen soll.

Verborgenes im Wienerwald: bearbeiteter Stein unbekannter Herkunft und Bedeutung

Rückschau: Als wir den „Hängenden Stein" erkunden und dann den extrem steilen Abstieg hinunter zum Bachbett wagen, kommen wir ins Schwitzen. Feuchtes Laub und Morast steigern die Sturzgefahr. Da hat die erfahrene Kletterin Fritzi Lukan den rettenden Einfall: „In solchen schrägen Situationen hilft nur mehr Charlys ‚Arschmethode'!" Gemeint ist damit, dass es ab sofort gleitend auf dem Hosenboden abwärts geht. Die lustige Rutschpartie mit der fidelen Fritzi wird mir ewig in Erinnerung bleiben.

Als wir uns entlang des Bachbettes einige Hundert Meter durchs Unterholz kämpfen, glaubt Oliver die Stelle wiedergefunden zu haben, wo sich der Rätselstein versteckt. Tatsächlich! Vor uns, teils im Wasser und fast komplett mit Moos umhüllt, liegt ein merkwürdiger Felsbrocken. Seine Kanten sind abgerundet. Sein Durchmesser beträgt etwas mehr als einen Meter. Auf einer Seite ist eine tiefe Halbschale herausgearbeitet, die auch als Sitznische gedient haben könnte. Ungewöhnlich ist, dass in die Mulde ein Spalt von etwa 20 Zentimetern Länge führt. Welchen Zweck hat dieser ominöse Stein einst erfüllt? War es ein Fruchtbarkeitsstein oder diente der Sehschlitz für astronomische Beobachtungen von Sonne und Mond? Befand sich der Stein ursprünglich auf der Kuppe eines markanten Hügels? Ist er im Zuge von Krieg und Zerstörung irgendwann ins Bachbett gekollert? Erst die weitere archäologische Prüfung kann gesicherte Antworten liefern.

Im Umfeld der Fundstelle konnte unser Exkursionstrupp etliche Schalensteine und Näpfchensteine lokalisieren, die bislang nirgendwo dokumentiert sind. Da lachte das Herz von Fritzi Lukan und ebenso das ihrer Mitentdecker. Einmal mehr hat sich gezeigt, dass es sich lohnt, abseits bekannter Touristenpfade nach verborgenen Spuren unserer rätselhaften Vergangenheit zu suchen.

Im Land, wo die Steine wackeln

Wer nach den kuriosesten Steinverformungen sucht, landet früher oder später im mystischen Waldviertel. Der Norden Niederösterreichs ist ein beliebter Anziehungspunkt für Abenteurer, Esoteriker und Phänomene-Detektive. Mit gutem Grund: Keine andere Region in Österreich zelebriert das Klischee von Mystik und Sagenwelt so perfekt wie die Zauberwelt des Nordwalds. Dafür garantieren wilde Natur, idyllische Hochmoore, dunkle Forste, verfallene Ruinen und die Anhäufung wunderlich geformter Felstrümmer.

Einer der bekanntesten Waldviertler Steinkolosse ist ein 105 Tonnen schwerer Wackelstein im Schremserwald bei Amaliendorf. Der gewaltige Felsbrocken mit fünf Metern Länge und dreieinhalb Metern Höhe ruht auf einer kleinen Steinplatte. Wenn man den Wackelstein an der richtigen Stelle anfasst und dagegendrückt, kann er mit geringer Anstrengung in Bewegung gesetzt werden. Ich habe es versucht. Und tatsächlich, selbst Bücherwürmer wie ich, denen selten nachgesagt wird, sportliche Muskelpakete zu sein, können das steinerne Monstrum kinderleicht in Schwingung versetzen!

Solcherart Steinkuriosa haben der Landschaft ihren unverwechselbaren Stempel aufgedrückt. Wie von Zauberhand geschaffen liegen sie meist moosbewachsen in der weiten Hügellandschaft verstreut. Ihr eigenwilliges Aussehen beflügelte schon vor langer Zeit die Fantasie der Menschen. Das belegt der reiche Sagenschatz um die Kultsteine ebenso wie ihre kreative Namensgebung: Apostelstein, Brotstein, Energiestein, Feenhaube, Gebärstein, Gugelhupfstein, Herrgottsstein, Herzstein, Kasstein, Kindlstein, Ko-

Wackelt wirklich: Steinkoloss von Amaliendorf

Bizarrer Stein aus dem Waldviertel

boldstein, Schlangenkopfstein, Skorpionstein, Teufelsbrotlaib, Totenkopfstein, Troll, Warzenstein, Weltkugel und dergleichen mehr. Manchmal lässt sich aufgrund der Gesteinsform oder einer ortsgebundenen Sage erahnen, welche mystische Entstehungsgeschichte zu den Begriffen inspirierte.
Dort, wo das groteske Urgestein anonym im Gelände herumliegt, bleibt nur das Staunen. Wanderer, die im Waldviertel damit konfrontiert werden, fragen sich beeindruckt: Woher stammen die sonderbaren Relikte? Wie entstanden sie? Was in früheren Zeiten als dämonisches Machwerk angesehen wurde, hat aus heutiger Sicht eine geologische Vorgeschichte, die 300 Millionen Jahre zurückliegt. Es ist kaum zu glauben, aber wissenschaftlich gesichert: Damals stand im Waldviertel einer der höchsten Berge der Welt! Er wurde „Wolkenspiegel" getauft, entstanden durch gewaltige Erdbewegungen, aufgefaltet zu einem riesigen Gebirgsmassiv, das im Laufe von Millionen Jahren wieder zerfiel und die Landschaft völlig veränderte. Durch enorme Spannungen im Untergrund zersplitterte die Granitschicht in quaderförmige Blöcke. Eindringende Wassermassen bewirkten, dass die Kanten über die Jahrmillionen hinweg immer mehr abgerundet wurden. Die Fachwelt nennt sie „Restlinge". Anders als bei „Findlingen", die durch Bewegung eiszeitlicher Gletscher und seiner Schmelzwasser entstanden sind, gelangte das Waldviertler Felsgestein durch Verwitterung und Landhebung allmählich an die Oberfläche.
Naturgegebene Seltsamkeiten gibt es in der Wildnis des Nordwaldes haufenweise. Aber nicht ausschließlich. Aufmerksame Wanderer können in der Landschaft immer wieder auf bizarre Steinblöcke stoßen, die zweifelsfrei menschlich bearbeitet wurden. Ihre ursächliche Bedeutung ist nach wie vor ungeklärt. Wir wissen auch nicht, wer die Bildhauer waren.

Der Sonderling

Trotz Wegbeschreibungen sind die interessantesten Fundplätze nicht immer leicht zu finden. Entdeckt man sie schließlich, bedeutet das nicht, dass man an Ort und Stelle auf vernünftige Erklärungen hoffen darf. Ein Musterbeispiel ist der Affenkopfstein von Langegg bei Amaliendorf. Er wurde deshalb so getauft, weil er die versteinerten Gesichtszüge eines Frühmenschen zeigt. Wer ihm einst das „Facelifting" verpasste, weiß niemand.
Der Platz liegt von Bäumen umgeben etwas versteckt auf Privateigentum. Er kann mit freundlicher Genehmigung der Grundstücksbesitzer besichtigt werden. Nur ein paar Hundert Meter weiter nordöstlich, im 40-Seelen-Ort Falkendorf, liegt das eigentliche Mysterium des Landstücks: ein mannshoher Granitblock, der seit alten Zeiten als stummer Zeuge am Waldrand verharrt. Die Spuren seiner Bearbeitung sind so ungewöhnlich, dass jede Logik zu seinem Verständnis versagt. Karl Lukan bezeichnete ihn als „geheimnisvollsten aller Steine".
Das sieht der einheimische Forscher, Autor und Liedermacher Roland Kernstock ganz genauso. Er kennt die verborgenen Plätze und Wunder der Region wie kein anderer. Das Steinrätsel bei Falkendorf ist ihm seit frühesten Jugendjahren vertraut:

Affenkopfstein bei Langegg

„Als Kind macht man sich freilich keine Gedanken über das Alter oder den Zweck rätselhafter Steinmonumente, und alles, was man, falls überhaupt, von den Erwachsenen darüber zu hören bekam, war, dass sie selbst darüber nichts wussten und an dieser Stelle vor langer Zeit wohl ‚irgend etwas' geschehen sei. Da sich der Stein nur wenige Kilometer außerhalb meiner Heimatstadt Schrems befindet, war er immer dann ein willkommenes Ziel, wenn ich Besucher zu dieser leicht erreichbaren wie außergewöhnlichen Stätte führen wollte. Und noch jedes Mal war ich erneut beeindruckt und fasziniert, wenn der Menhir, zu dem es in der Fachliteratur nichts Vergleichbares gibt, zwischen den Bäumen auftauchte."

Mit Roland Kernstock hatte ich in den letzten Jahren mehrmals das Vergnügen, den massiven, zwei Meter hohen Granitsteinblock zu bestaunen. Wer sich selbst ein Bild von dem Sonderling machen will: Der Zielort liegt 4,5 Kilometer von der Stadtgemeinde Schrems (Bezirk Gmünd) entfernt. Um dorthin zu gelangen, muss man nach Norden auf der Straße nach Heidenreichstein (Buslinie 1342), bei der Ortschaft Langegg vorbei, die Braunaubrücke überqueren, kurz danach auf die Straße Richtung Falkendorf abbiegen und 300 Meter weiter bei einer „Fischerhütte" halten. Ein schmaler Waldpfad führt wenige Schritte weiter zum steinernen Unikum.
Wir wissen, dass der Granitblock nicht fest in der Erde verwachsen ist, sondern von Menschenhand irgendwann herangeschleppt und aufgerichtet wurde. Gestützt wird er von zwei kleineren Steinblöcken, die ihn aufrecht halten. Einer davon dient gleichzeitig als Stufe, die eine Besteigung des Thronsessels ermöglicht. An der Spitze befindet sich eine dem Allerwertesten angepasste flache Mulde. Sie legt den Schluss nahe, dass die Sitzfunktion einem durchdachten Plan des Bildhauers entsprungen ist.

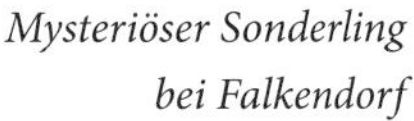
Mysteriöser Sonderling bei Falkendorf

Jäger, Druide oder Diabolus?

Wer thronte einst an diesem Standort? Ein Wächter auf einem Grenzstein? Ein keltischer Druide? Ein Scharfrichter vor versammeltem Publikum? Oder doch nur ein Wildhüter, wie manche Historiker behaupten? Heute wird das Original als „Jägersitz" bezeichnet, oder im Volksmund salopp „Jagasitz". Das war nicht immer so: In früheren Zeiten nannte man den Sonderling „Teufelssitz".
Betrachtet man die Beschaffenheit seiner Oberfläche genauer, könnte man tatsächlich denken, überirdische Kräfte hätten bei seiner Gestaltung mitgewirkt: überall tiefe Einschnitte, polierte Flächen, doppelspurige Rillen und eigenartige Gravuren. Eine Vertiefung hat die Form eines Vierecks. Eine zweite rechts daneben könnte das Sinnbild eines „Beils" oder einer „Sichel" sein. Darunter befindet sich ein herausgearbeiteter Vorsprung, der als zweite Stufe für den Aufstieg dient. Auf dieser Trittfläche ist ein Hufabdruck eingemeißelt. Ist es eine bildlich versteinerte Erinnerung an Luzifer, der früher bevorzugt mit Bocksfüßen dargestellt wurde? Dies wäre eine weitere Begründung für die alte Bezeichnung „Teufelssitz".
Das markanteste Merkmal befindet sich auf der Vorderseite im linken oberen Bereich: ein kegelförmiger Zapfen, der von einem herausgearbeiteten Rillenkreis umgeben ist. War er als Verbindungselement zur Befestigung eines verlorenen oder längst zerstörten Gegenstückes gedacht? Sollte es ein Phallussymbol sein, ein sinnbildliches Kopfhorn des Gottseibeiuns oder Harry Potters Spitzhütchen? Dazu passt, dass der Teufel in alten Volkssagen den Beinamen „Spitzhütl" trägt!
Die Liste der Erklärungsversuche schließt auch einen astronomischen Bezug nicht aus. „Vor nicht allzu langer Zeit und wahrscheinlich auch schon bei seiner Errichtung war der Menhir noch nicht von Bäumen umgeben", erklärt Roland Kernstock, „sodass man von ihm aus weit ins Land hineinschauen konnte und der Stein seinerseits auch aus größerer Distanz zu sehen war." Sollte mit dem kleinen Steinkegel ein bestimmter Punkt am Horizont oder ein Sternbild angepeilt werden?

Es wird noch kurioser: Oben am Scheitel und auf einer Seitenfläche verläuft durch das Gestein ein tiefer Einschnitt. Für den staunenden Betrachter entsteht der Eindruck einer Verschalung, so als ob der Steinblock aufgeklappt werden könnte. Der Anschein wird dadurch verstärkt, dass die Rückseite völlig eben und gleichmäßig gestaltet ist. Roland Kernstock schmunzelt: „Tatsächlich wurde schon darüber spekuliert, ob der Stein innen hohl sei und ein blutiges Henkersbeil darin aufbewahrt wird!" Der Waldviertler weiß auch, dass „der Schnitt irgendwann mit einer Art Mörtel verschlossen wurde, der später großteils wieder herausgerieselt ist". Das Merkwürdige: An manchen Stellen führt der enge Spalt mehr als 20 Zentimeter tief in den Fels hinein. Ein Effekt, der selbst mit einer hypermodernen Steinsäge Schwierigkeiten bereitet. Ist das ein Indiz dafür, dass die Steinbearbeitung nicht sehr alt sein kann? Nicht zwingend. Rund um den Globus sind jahrtausendealte Monumente bezeugt, die modern anmutende Werkzeugspuren aufweisen. Wer in Griechenland südlich von Korinth die Ausgrabungsstätte Mykene besichtigt, dem wird nicht nur der eigenwillige Baustil aus der Zeit zwischen 1350 und 1200 v. Chr. auffallen. Was dort zusätzlich bemerkt werden kann: ein Steinbrocken im Wall, der einen sauberen Sägeschnitt tief ins Gestein aufweist. Wer hat diesen Spalt wann, womit und wozu in den Stein gearbeitet?

Ungereimtheiten bewahrt auch das Gräberfeld Abusir in Ägypten, wenige Kilometer südlich von Kairo: perfekt abgeschnittene Kanten und präzise Bohrlöcher unterschiedlicher Durchmesser und Tiefen in härtestem Gestein wie Granit, Diorit und Basalt. Die Steinbearbeitungen sind 4300 Jahre alt und weisen Abbruchstrukturen von Kernbohrungen auf. Die alten Ägypter setzten gekonnt Drillbohrer mit Bogen und Kurbel für geschickte Aushöhlungen ein. Bei Alabaster, Sand- und Kalkstein sowie manchem Hartgestein durchaus plausibel. Mit weichen Kupferwerkzeugen hat man bei den harten Brocken allerdings seine Mühe. Ob die Bohrlöcher in Abusir allesamt mit einfachsten Hilfsmitteln entstanden sind, darf daher zumindest angezweifelt werden. In Fachkreisen wird seit Jahren darüber kontrovers diskutiert, ob hier bislang unbekannte Methoden oder Diamantbohrer zum Einsatz gekommen sind. Die klassische Archäologie lehnt diese Vorstellung kategorisch ab. Verblüffend ist es aber doch, dass fehlerfreie Steinbohrungen mit vergleichbarer Perfektion erst gegen Ende des 19. Jahrhunderts bekannt sind. Damals erfand der deutsche Ingenieur Alfred Brandt (1846–1899) die hydraulische Drehbohrmaschine.

Wurden manche technischen Errungenschaften der Neuzeit lediglich wiederentdeckt? In altjüdischen Überlieferungen im Talmud und im Sohar wird ein „göttliches Werkzeug" namens „Schamir" erwähnt. Es wird als „Metall spaltender Schneidewurm" bezeichnet, der sich „durch die härtesten Minerale bohren" konnte. Wenn man weiß, dass Schamir im Hebräischen auch für „diamantene Spitze" steht, könnte dann der „Wunderwurm" nichts anderes gewesen sein als ein antiker Diamantbohrer? Woher haben Ägyptologen die Gewissheit, dass derartige Gerätschaften nicht bereits in Abusir und anderswo zur Anwendung kamen?

Noch ein Beispiel erstaunlichster Steinbearbeitung finden wir auf über 3400 Metern Seehöhe im Zentrum des peruanischen Andenhochlandes. In der Umgebung von Cusco, ein paar hundert Meter oberhalb der berühmten „Inkafestung" Sacsayhuamán, liegen im Gelände verstreut lauter unkenntliche Gesteinsmassen: steinerne Sessel, treppenartige Gebilde, riesige Plattformen aus poliertem Stein, glatte, rechtwinkelige Flächen, fein säuberlich aus dem gewachsenen Fels herausgeschnitten, als ob sie aus Butter oder Wachs wären. Die spanischen Eroberer und christlichen Missionare sahen in den unerklärbaren Steinformen ein Werk des Teufels. Menschen konn-

Teufelssitz bei Falkendorf

ten solche Wunder ihrer Ansicht nach nicht bewirkt haben. Der Waldviertler „Teufelssitz“ hat also viele Anverwandte in der ganzen Welt, auch im fernen Südamerika!

Teuflische Tücke im Detail

Wer sich die Zeit nimmt und den Teufelssitz vom Nordwald genauer beäugt, kann viele Einzelheiten entdecken, die überraschen. Auf der Vorderseite leicht zu übersehen: eine aus dem Gestein millimeterhoch hervorgehobene Kreisform mit einem Durchmesser von etwa 40 Zentimetern. Die Geometrie des Kreises ist so perfekt, als wäre sie mit dem Zirkel gezeichnet worden. „Am ehesten bemerkt man den Ring, wenn man ein paar Schritte zur Seite geht und den Stein schräg von der danebenstehenden Bank aus betrachtet", lautet der wertvolle Tipp von Heimatforscher Roland Kernstock. „Es ist ein fast magischer Moment, wenn sich der Ring dann optisch aus dem Stein herauszuschälen beginnt!"

Und wirklich, das Unsichtbare wird sichtbar! Aber nicht alle Zeitgenossen scheinen diesen scharfen Durchblick zu besitzen. Die Fachmänner vom ehrwürdigen Denkmalamt, die das Unikum 1986 zum schützenswerten historischen Monument erklärten, offenbar nicht. Sie befestigten zwei störende Tafeln just in der Mitte des Kreises direkt auf dem Menhir. Auf einem steht „Jägersitz", auf dem anderen „Naturdenkmal". Eigentlich eine Beleidigung, die mir nicht nur bei Waldviertler Naturschätzen unangenehm auffiel. Auch der „Hängende Stein" in Unterkirchbach wurde auf diese Weise verschandelt. Weshalb ist es nicht möglich, ein Hinweisschild vor dem Stein aufzustellen? Mit der bisherigen Praktik wird – ungewollt, aber doch – das Objekt der Begierde beschädigt. Manchmal frage ich mich: Wer schützt die zu schützenden Denkmäler vor den Denkmalschützern?

Magischer Teufelssitz: Bei bestimmten Lichtverhältnissen wird auf der Vorderseite ein mysteriöser Kreis sichtbar.

Noch etwas bereitet Kopfzerbrechen: ein kleiner knollenähnlicher Vorsprung in der ringförmigen Erhebung. Es gibt nur drei Möglichkeiten für seine Entstehung, alle sind unglaublich. Entweder haben Steinmetze die ganze restliche Oberfläche der Menhirvorderseite weggemeißelt und glatt poliert, damit nur diese kleine „Steinwarze" übrig bleibt, Druiden haben das Stückchen mit einem keltischen Superkleber daran befestigt, oder der Stein war weich und wurde modelliert. In der „Deutschen Mythologie" von Jacob Grimm (1785–1863) findet sich ein Textauszug der „Kölner Chronik", der andeutet, dass im Altertum ein sogenannter „Shidlschtoin" (auch Siegstein oder Sigelstein genannt) nach einem geheimen Verfahren „wie Glas geblasen und gegossen" worden sein soll.

Ähnliches behaupten auch die Überlieferungen der Inkas und anderer früherer Kulturen. Kannten Schamanen, Priester und Alchimisten das Geheimnis der Steinschmelze? Einen Anhaltspunkt liefert der amerikanische

Zyklopenmauer in Peru: Wie wurden tonnenschwere Steine in das übrige Mauerwerk fugenlos eingepasst?

Archäologe Hiram Bingham (1875–1956), der im Jahre 1911 in Peru auf die Ruinenstadt Machu Picchu gestoßen war. Bei der Freilegung der vom Dschungel überwucherten Bauwerke erzählten ihm Einheimische von einer Pflanze, mit deren Saft man Steine auflösen könne. Mit diesem Extrakt sei es möglich gewesen, Steine weich zu kneten und präzise zu bearbeiten. Angesichts bizarrer „Zyklopenmauern", wo tonnenschwere Steine an das umliegende Mauerwerk perfekt angepasst worden waren, überzeugen gängige Methoden mittels Hammer, Meißel und Schleiftechnik wenig. Wer immer die Ingenieure waren, sie verstanden es hervorragend, einzelne gänzlich unterschiedlich und unregelmäßig geformte Steine derart präzise aufeinander abzustimmen, dass in die Fugen nicht einmal ein Blatt Papier passt. Diese Meisterleistung und die Bautechnik sind bis heute ein Mysterium.

Das führt erneut zur Frage, mit welchen Verfahren oder technischen Hilfsmitteln der Jägersitz bearbeitet wurde. Skeptiker werden den Verdacht hegen, er könnte seine sonderbare Struktur erst vor Kurzem erhalten haben. Ein nahe gelegener Steinbruch wird sie in ihrer kritischen Ansicht bestärken. Doch ganz so banal, wie es scheint, ist die Lösung nicht, denn der Steinbruch bei Aalfang ist erstmals seit dem letzten Drittel des 19. Jahrhunderts belegt. Der „Jägersitz" hingegen soll schon lange vorher und außerdem „immer schon da gewesen sein". In dunkelster Geschichte kannte man ihn unter dem Namen „Armer-Seelen-Sitz". Die Ungewissheit bleibt: Welcher Magier kreierte das teuflische Machwerk?

MYSTERIÖSE STEINKUGELN

Karibische Bolas, Balkan-Kugeln und „magische Murmeln“

Wir sitzen alle auf einer Kugel, und von der kann keiner runterspringen.

Ulf Merbold, deutscher Physiker und Astronaut

Rollende und runde Naturphänomene

Kuriose Steinrätsel sind aus allen Regionen der Erde bekannt. Zu den berühmtesten Phänomenen zählen die wandernden Steine im Death-Valley-Nationalpark in der kalifornischen Mojave-Wüste. In einem ausgetrockneten Seebett namens „Racetrack Playa“ (Rennstrecken-Strand) bewegen sich Steine unterschiedlicher Größe – vom Kieselstein bis zum gewaltigen Felsbrocken – scheinbar wie von Geisterhand geführt. Ihre im Gelände zurückgelassenen Furchen können schnurgerade sein, haben oft geschwungene Bogenformen oder zeigen ein wirres Zickzackmuster. Die Entfernungen reichen von wenigen Metern bis zur Kilometerlänge. Über die Ursache haben sich Geophysiker lange den Kopf zerbrochen. Erst 2013 konnte die Steinwanderung erstmals mithilfe von GPS und Zeitrafferaufnahmen beobachtet werden. Dabei bestätigte sich, was Wissenschaftler bereits vermutet hatten: Eine seltene Kombination aus einer bestimmten Temperatur, Windstärke, Luftströmung, Bodenbeschaffenheit, vorherigem

Death Valley: Stein auf Wanderschaft

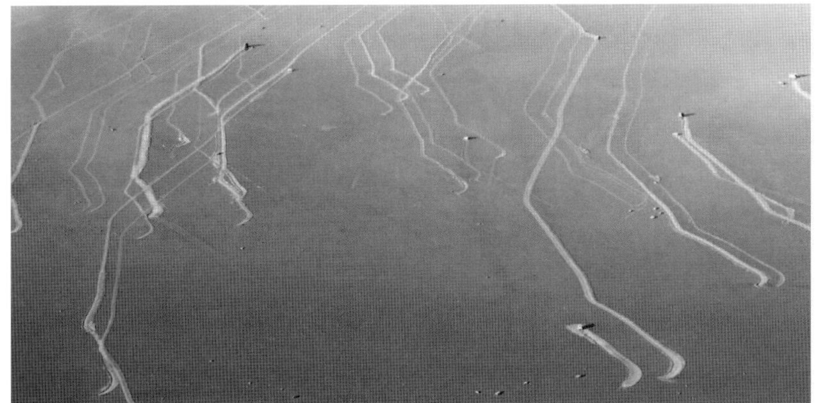

Vogelperspektive der „Racetrack Playa" in der Mojave-Wüste (USA)

Regen und millimeterdünne Eisplatten bringt die Steine in Fahrt. Die neuen Erkenntnisse liefern eine wichtige Basis für die weiteren wissenschaftlichen Untersuchungen, können aber nicht alle Felsbewegungen im Death Valley erklären. Die Position der Felstrümmer scheint eine wichtige Rolle zu spielen. Weshalb setzen sich Steine in Bewegung, während andere, die nur einen halben Meter davon entfernt liegen, das nicht tun? Und kann die Wanderschaft der von bis zu einer halben Tonne schweren Felsen ebenfalls mit Eis und Wind befriedigend erklärt werden?

Mutter Natur als Urheber verwirrender Phänomene ist immer noch die vernünftigste Erklärung. Das gilt nicht nur für die Wandersteine im „Tal des Todes", sondern gleichermaßen für kugelrunde Steinbälle unterschiedlicher Größe, die verstreut in Landschaften herumliegen. Was, wenn die Rätsel kugelrund sind? Jedenfalls könnte man von ihnen eher erwarten, dass sie als „Rolling Stones" auf Tour gehen. Davon ist jedoch nichts zu bemerken. Wir entdecken sie im unzugänglichen Urwald genauso wie auf Hügelkuppen oder in der Nähe von Meeresküsten. Da liegt der Gedanke nahe, die kugelförmigen Überreste seien vor Jahrmillionen durch natürliche Auswaschungen entstanden. Geologen erkennen in der „Wollsackverwitterung" die Lösung des Problems: Dabei werden Gesteinsblöcke durch das Zusammenwirken von physikalischen und chemischen Prozessen abgerundet. Ehemals flüssiges Schlamm- und Vulkangestein, das irgendwann blasenförmig an die Erdoberfläche gelangte und erstarrte, wird ebenso als natürliche Erklärung genannt. Oder Steine wurden im Zuge von Gletscherverschiebungen rund geschliffen, weitertransportiert und sind nach der Eisschmelze an ihren heutigen Plätzen „abgelegt" worden.

Solche natürlichen Findlinge gibt es jede Menge, bevorzugt in Mexiko und Guatemala. Oder auch ganz woanders, im Nordpolarmeer auf Franz-Josef-Land. Hier können besonders große und bizarre Exemplare auf der unbewohnten Champ-Insel zwischen Grönland und Russland bestaunt werden. Ebenso eine Touristenattraktion sind die Moeraki Boulders an der Küste von Otago, auf der Südinsel Neuseelands. Alle sind imposant anzusehen, aber wie Geologen versichern, keine mysteriösen Kunstobjekte.

Der Globus von Matelica

Es gibt seltsame Steinbälle, da reicht „Mutter Natur“ als Urheber nicht aus. Dazu gehört eine künstlich bearbeitete Marmorkugel, die nach dem Fundort „Globus von Matelica“ in der mittelitalienischen Region Marken benannt ist. Entdeckt wurde sie 1985 bei Sanierungsarbeiten des Palazzo Pretorio im Städtchen Matelica aus dem 13. Jahrhundert.

Die „Weltkugel“ misst 29,6 cm im Durchmesser und besitzt geometrische Einritzungen, drei konzentrische Kreisgravuren, 13 kleine Bohrungen und altgriechische Inschriften. Astronomen und Planetenforscher des italienischen „Nationalen Instituts für Astrophysik“ in Rom untersuchten den „Sphärenball“ und stellten Verblüffendes fest: Der Globus enthält exakte Markierungen zur Bestimmung von Äquator, Meridianen, Ekliptik, Tagundnachtgleiche, Sommersonnenwende, Wintersonnenwende, die Bahn der Sonne über den Horizont und Berechnungen der Tageszeit. Anders ausgedrückt: Die Marmorkugel entpuppte sich als präzises Messinstrument für astronomische Beobachtungen.

Die Studie hat noch etwas ans Licht gebracht: Der Marmorglobus hat ganz besondere Eigenschaften. Seine großen Kristalle bewirken einen magisch anmutenden Leuchteffekt, sobald sie einer Lichtquelle ausgesetzt sind. Auch das Alter konnte ermittelt werden. Demnach wurde die Kugel zwischen dem 2. vor- und dem 2. nachchristlichen Jahrhundert angefertigt. Sie stammt aus der berühmten antiken Bildhauerschule Aphrodisias, heute eine Stadt im Südwesten der Türkei. Unklar bleibt, wer der Schöpfer war und wie das astronomische „Gerät“ nach Matelica gelangte, wo es heute im archäologischen Museum der Stadt aufbewahrt wird. Vergleichsobjekte sind rar: 1939 wurde in der griechischen Ausgrabungsstätte Prosymna eine Steinkugel aus

Ausgestellt im Metropolitan Museum in New York: künstlich bearbeitete Steinkugel aus Costa Rica, um 800 n. Chr.

Steinkugel aus Südamerika

weißem Marmor gefunden. Ihr Durchmesser beträgt 53 cm und enthält ein ähnliches Liniennetz an Gravuren wie der „Globus von Matelica". Aufbewahrt wird das rund 2200 Jahre alte „Sonnenuhr-Instrument" im archäologischen Stadtmuseum von Nafplio auf dem Peloponnes. (Abb. S. 63)
Eine sternenorientierte Bestimmung könnte auch glatt polierten Granitkugeln zugrunde liegen, die im Dschungel von Ecuador gefunden wurden. Sie sind nicht größer als ein Fußball. Wüsste man nicht genau, dass es Überbleibsel aus vorkolumbianischer Zeit sind, könnte man sie für Kanonenkugeln der spanischen Eroberer halten. Einige dieser Exemplare sind mit Sonnen- und Sternsymbolen geschmückt. Sie dienten „vermutlich kultischen Zwecken", heißt es unbestimmt. Im „Museo Weilbauer" in der ecuadorianischen Hauptstadt Quito sind einige Stücke sowie andere Beispiele meisterhafter Steinbearbeitung zu sehen. Will man einen makellos runden Körper aus Stein mit nur manuellen Werkzeugen herstellen, ist das selbst gegenwärtig eine beachtliche Leistung. Da verblüfft es doch, dass uns prähistorische Steinmetze vor Jahrtausenden kugelrunde Steinwunder hinterlassen haben.

„Las Bolas“ in Costa Rica

Die erstaunlichsten Kugelrelikte befinden sich im zentralamerikanischen Staat Costa Rica. Manche sind nicht größer als ein Tennisball, andere haben einen Durchmesser von mehr als zwei Metern und ein Gewicht von bis zu 16 Tonnen. Diese runden Hinterlassenschaften können mit alten geologischen oder vulkanischen Aktivitäten alleine nicht erklärt werden, denn sie zeigen Spuren der Bearbeitung durch Schlag- und Schleifwerkzeuge. Zumindest wurden vorhandene Natursteine von Menschenhand nachbearbeitet, indem ihre Oberfläche rund abgeschliffen wurde. Sie sind in ihrer Formgebung so perfekt, dass man annehmen könnte, sie kämen geradezu fabrikfertig aus der Kugelmühle. Herkunft, Bedeutung und Entstehung der mysteriösen Steinkugeln sind bis jetzt ungeklärt.

Einheimische nennen die massiven Steingloben „Las Bolas“ – „die Bälle“. Im südlichen Teil Costa Ricas, in der Region Diquis, sind bisher die meisten Kugeln entdeckt worden. Eine exakte Altersdatierung der etwa 300 bekannten Funde ist – wie bei allen steinernen Artefakten – problematisch. Als gesichert gilt, dass die meist aus granitähnlichem Granodiorit bestehenden Relikte erst nach ihrer Herstellung zu ihrem Bestimmungsplatz geschafft worden sind, da an den Fundorten das Gestein nicht vorkommt. Der nächste infrage kommende Steinbruch liegt 80 Kilometer entfernt im Talamanca-Gebirge. Wie der Transport erfolgte und weshalb bestimmte Plätze als Standorte für die Kugeln ausgewählt wurden, bleibt ungewiss.

Karge Hinweise liefern Keramiken und Nachlässe, die in unmittelbarer Nähe der Kugeln zum Vorschein kamen. Sie stammen von der Baruca-Kultur, die um 600 v. Chr. ihren Anfang nahm. Die meisten Archäologen vermuten daher, dass dieser Volksstamm beziehungsweise seine Vorfahren die Steinkugeln geschaffen haben. Die ersten schriftlichen Hinweise dazu liefern spanische Konquistadoren. In einer Notiz von Francisco Pizarro heißt es anno 1547: „Ich habe gehört, dass die Stammesoberen des Reiches sich alle vier Jahre um die Steinkugeln versammeln, wo sie Ratschläge von den großen Weisen erhalten.“

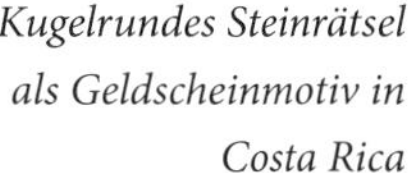

Kugelrundes Steinrätsel als Geldscheinmotiv in Costa Rica

Bald danach geriet der Steinkult für Jahrhunderte in Vergessenheit. Erst als es in den 1930er-Jahren im Dschungel zu ausgedehnten Rodungen kam, um Bananenplantagen anzulegen, stießen Arbeiter der „United Fruit Company" auf die kugelrunden Kuriosa. Doch niemand konnte plausibel erklären, woher sie stammten und was sie bedeuten. Seit den 1940er-Jahren bemühen sich Wissenschaftler und Hobbyarchäologen um eine Klärung des Mysteriums. Spekuliert wird darüber, ob die Steine als Kultbilder oder Friedhofsmarkierungen gedient haben könnten. Andere Gelehrte ziehen in Erwägung, dass mit ihnen Grundstücke markiert worden sind oder dass sie Statussymbole waren. Ebenso werden utopisch anmutende Thesen ins Spiel gebracht. Indios erzählen in den Mythen ihrer Vorfahren, dass die Steine einst vom Himmel gefallen wären oder Sonnen und Planeten darstellten. Manche Ufo-Fans denken deshalb an eine außerirdische Herkunft. Dass Aliens die Steinbälle hergestellt und hinterlassen haben könnten, ist aber genauso unwahrscheinlich wie die Annahme, es handle sich um meteoritenartige Geschoße aus dem All. Schon das Gesteinsmaterial spricht dagegen.

Steinkugel mit Gravuren, die als Sternbilder gedeutet werden

Und doch könnte die Antwort tatsächlich in den Sternen zu finden sein. Einige wenige Granitkugeln sind mit bizarren Gravuren verziert, die bei näherer Betrachtung mit Sternbildern und einem astrologischen Kalender in Beziehung gesetzt werden können. Interessantes vermerkt Professor John W. Hoopes von der „University of Kansas" in seiner 2001 veröffentlichten Studie. Demnach konnte bei Vermessungen bestätigt werden, dass „viele der Kugeln entlang gerader Linien und Kurven ausgerichtet sind, andere bilden Dreiecke oder Parallelogramme". Die Untersuchungen haben auch gezeigt, dass „manche Kugeln so angeordnet sind, dass sie exakt in einer Linie zum magnetischen Norden orientiert sind". Das lässt mutmaßen: Die unbekannten Kugelhersteller haben nicht nur über erstaunliche geometrische und astronomische Kenntnisse verfügt, sondern hatten bei der topografischen Standortbestimmung technische Hilfsmittel wie Magnetkompasse.
Es wäre spannend, die These eines präkolumbischen „Sternenkultes" genauer zu überprüfen. Diese Chance wurde jedoch bereits nach den ersten Entdeckungen vereitelt. Nur mehr wenige Einzelstücke befinden sich heute am ursprünglichen Standort. Die meisten Kugeln sind beschädigt, wurden zerstört oder sind zu Dekorationszwecken längst vom Fundplatz entwendet worden. Sie kugeln heute in Vorgärten oder Museen herum. Da nützt es nur mehr wenig, dass die letzten unversehrten Steinkugeln seit Juni 2014 zum UNESCO-Weltkulturerbe gezählt werden dürfen. Wer die Überbleibsel in Costa Rica besichtigen möchte, findet die schönsten Exponate im Park von Palmar Sur und im „Museo Nacional" in San José.

Die Steinbälle von Zavidovići

Bisher wenig untersucht ist das Mysterium der südosteuropäischen Steinkugeln, die exakt die gleiche auffällige Charakteristik wie ihre Verwandten in Zentralamerika aufweisen. Aufmerksame Spurensucher können in Serbien und in der Republik Bosnien-Herzegowina darüber stolpern. Etwa 60 Fundstellen sind bekannt, wobei – wie in Costa Rica – viele Kugeln bereits zerstört oder in Ziergärten gelandet sind. Ein Unikat fand den Weg in die Bibliothek des Franziskanerklosters in Kraljeva Sutjeska, nahe der Industriestadt Kakanj.

„Verschönerte" Bosnien-Kugel

Die größte Ansammlung auffälliger Steinkugeln konzentriert sich in der Waldregion um das bosnische Städtchen Zavidovići, nördlich von Sarajevo. Hier lag einst die westliche Grenze der jungsteinzeitlichen Vinča-Kultur, die manche Forscher für die Urheber der runden Steinrelikte halten. Was noch auffällt: Der Fundort liegt nahe der Stadt Visoko, wo sich ein 220 Meter hoher Berg erhebt, genannt Visočica, der eine markante pyramidenartige Symmetrie aufweist. Nach der umstrittenen These des bosnischen Unternehmers Semir Osmanagić soll sich hinter der Vegetationsschicht ein künstliches Bauwerk verbergen. Die Grabungsfunde, Vermessungsresultate und seismischen Anomalien sprächen seiner Überzeugung nach gegen eine natürliche Hügelform. Osmanagić glaubt, dass die Steinbälle mit der „Monumentalpyramide" in Zusammenhang stehen.

Die archäologische Fachwelt winkt hingegen ab. Zweifel betreffen auch den möglichen künstlichen Ursprung der Riesensteinkugeln. Noch etwa zwanzig Musterexemplare können im „Zavidovići-Park" (Kanton Zenica-Doboj) in ihrer natürlichen Umgebung um das Flussbett der Bosna besichtigt werden. Den Kugeln werden heilende Kräfte nachgesagt.

Besuchern dienen sie als Meditationshilfe für spirituelle Erfahrungen, während Vandalen die glatten Oberflächen mit dummen Kritzeleien verunstaltet haben. Ob künstliche Wunderwerke oder natürliche Geoden: Unbestreitbar ist, dass die steinernen Riesenmurmeln bei jedem Betrachter Faszination und Verwunderung auslösen. Was dachten und empfanden unsere Urväter beim Anblick der steinernen Sphären?

Die Povlen-Kugeln

Die bosnischen Steinkugeln werden touristisch genutzt. Anders verhält es sich bei Vergleichsfunden in Serbien. Diese sind etwas kleiner und nicht ganz so makellos in der Formgebung. Und doch sind sie interessanter, weil sie Gravuren mit astronomischen Markierungen enthalten.

Als ich 2011 dem Grazer Filmemacher Michael Satzinger davon erzählte, wurde dieser hellhörig und ließ nicht mehr locker. Ich wusste, dass in einem hügeligen Waldgebiet der serbischen Povlen-Region ein Dutzend dieser rätselhaften Steinbälle existiert. Aber wo genau liegen die Fundplätze? Wie können sie im unwegsamen Gelände aufgespürt werden? Das war mir damals noch nicht bekannt. Trotzdem oder gerade deshalb unternahm ich mit einem kleinen Filmteam die abenteuerliche Fahrt ins Ungewisse.

Zielort war die Ortschaft Valjevo, 90 Kilometer südlich von Belgrad. Von dort ging es auf staubigen Serpentinen hinauf zu den verstreuten Bergdörfern. Das Wagnis glich der Suche nach der sprichwörtlichen Stecknadel im Heuhaufen. Als wir uns bei Dorfbewohnern bemerkbar machten, landeten wir beim Bauernhof des Rentners Milinko Milivojevic. Ob himmlische Fügung oder nicht, wir hatten just bei jenem Mann angeklopft, der 1974 als Entdecker der ersten serbischen Steinkugel für Schlagzeilen in der lokalen Presse sorgte. Er war bereit, uns die historisch bedeutsame Stelle zu zeigen. Bei brütender Hitze folgte ein zwanzigminütiger Fußmarsch kreuz und quer durch wilde, unberührte Vegetation. Es verwundert nicht, dass wir die Ersten waren, die die Mühsal aufwendiger Dreharbeiten auf sich nahmen.

Zeitungsartikel über entdeckte Povlen-Kugeln 1974

Als wir die gesuchte Stelle erreichten, erblickten wir in einer fast ausgetrockneten Wassermulde eine der ominösen Steinkugeln. Herr Milivojevic erzählte stolz von ihrer Entdeckung und davon, dass der ursprüngliche Fundort höher gelegen sei. Irgendwann sei die Kugel dann ins Flussbett gerollt. Sie ist mit etwas mehr als einem Meter Durchmesser nicht die größte ihrer Art. Auch ihre Rundung wirkt nicht ganz so perfekt wie andere Granitbälle. Das liegt auch daran, dass das Drei-Tonnen-Unikat ausgerechnet von Archäologen, die es eigentlich schützen wollten, ramponiert wurde. Ein Helikopter sollte das Naturdenkmal an speziellen Seilen gesichert per Luftfracht ins Landesmuseum schaffen. Nach missglücktem Experiment sahen die Luftexperten von weiteren Aktivitäten ab.

Leider wurden bei dem stümperhaften Bergungsversuch auch Markierungen auf dem Stein in Mitleidenschaft gezogen, die unbestreitbar eine menschliche Bearbeitung beweisen. Was man noch erkennen kann, sind punktierte Vertiefungen, Kreuze und schriftähnliche Gravuren, die an ein

Serbische Povlen-Kugeln mit Entdecker

lateinisches „C“ und „E“ erinnern. Herr Milivojevic vermutet in den Marken Hinweise auf einen verborgenen Schatz aus dem Mittelalter. In früheren Zeiten wurden hier und auch andernorts viele Steinkugeln zerschlagen, weil der Volksglaube dachte, in ihrem Inneren verberge sich Gold.

Wir wissen heute in unserer aufgeklärten Welt, dass viele alte Erzählungen auf Aberglauben beruhen. Was Forscher dennoch irritiert: Die punktierten kleinen Vertiefungen auf den Povlen-Kugeln stimmen mit der astronomischen Konstellation der Sternbilder Kepheus (das ist das Nachbarsternbild von Kassiopeia) und dem Schwan (lateinisch: Cygnus) überein, auch Kreuz des Nordens genannt. Das Seltsame sind die Markierungen. Sie lassen sich so interpretieren, dass der Polarstern im Sternbild des Schwans steht. Das war vor 11 000 bis 15 000 Jahren tatsächlich der Fall! Und erinnern wir uns: Auch in Costa Rica wurden Steinkugeln mit Gravuren gefunden, die als Sternkonstellation gedeutet werden. Welche Schlüsse dürfen aus diesen Gemeinschaften gezogen werden?

Die Frage knüpft an die jüngste Entdeckung der NASA an, wonach das Sternbild Schwan bei der Suche nach außerirdischem Leben optimistisch stimmt. Im Juli 2015 gaben Weltraumforscher und Exobiologen in einer Pressekonferenz bekannt, dass im Sternbild Schwan der bisher erdähnlichste Exoplanet entdeckt wurde! Er trägt die nüchterne wissenschaftliche Bezeichnung „Kepler 452b“, ist eineinhalbmal so groß wie die Erde, liegt aber in der perfekten Entfernung zur Sonne und bietet somit die Voraussetzungen für Leben, wie wir es kennen. Das Vorkommen von flüssigem Wasser und Gesteinsmassen mit einer lebensfreundlichen Atmosphäre wird als sehr wahrscheinlich angenommen. Der Planet wird auf ein Alter von sechs Milliarden Jahren geschätzt, wobei ein Jahr auf „Kepler 452b“ fast genauso lang dauert wie auf der Erde. Auch das Solarsystem ist dem unseres Sonnensystems sehr ähnlich. Ein Flug zur zweiten Erde im Sternbild Schwan bleibt allerdings Utopie. Er würde selbst mit Lichtgeschwindigkeit 1400 Jahre benötigen. Und umgekehrt? Könnten fremde Superintelligenzen, die Jahrmillionen älter sind als die Menschheit, es längst geschafft haben, hypermoderne Technologien jenseits unserer Vorstellung zu entwickeln, um große kosmische Distanzen zwischen den Sternen zu überbrücken? War die Erde einst ein Zielort fremder kosmischer Besucher?

Auf dem runden Relikt sind künstliche Näpfchen und Ritzungen eingraviert.

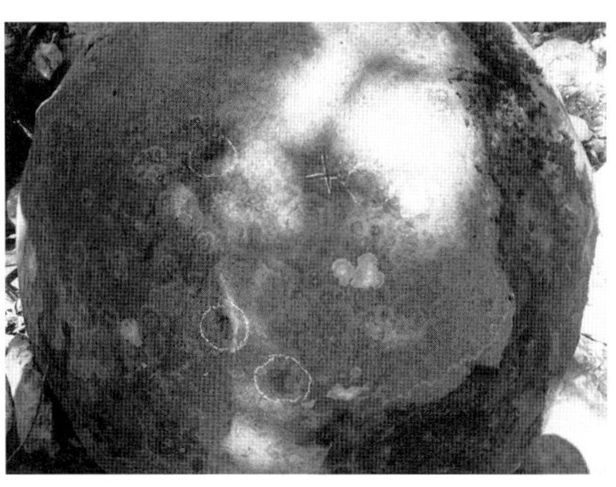

Versteinerte Mythen

Es gibt noch eine andere mythologische Spur: In der griechischen Sagenwelt wird das Sternbild des Schwans mit dem Göttervater Zeus gleichgesetzt. Eine Überlieferung zieht eine Verbindung zum Gott Phaethon, genannt „der Strahlende". Er soll bei einer übermütigen Fahrt mit dem Sonnenwagen seines Vaters Helios außer Kontrolle geraten sein und kosmisches Chaos angerichtet haben, das beinahe zum Untergang der Erde geführt hat. Erinnerungen an einen Asteroiden, der in grauer Vorzeit auf die Erde stürzte? Schon Geheimrat Goethe sinnierte darüber und deutete das außer Kontrolle geratene göttliche Fluggefährt als verklärten Erlebnisbericht an einen abgestürzten Himmelskörper.

Doch weshalb sind die Marken auf der Povlen-Kugel in jener Position eingraviert, als sich der Polarstern im Sternbild des Schwans befand? Das war allerdings nicht im Altertum, sondern weitaus früher in eiszeitlicher Epoche. Darüber hinaus gibt es auf dem Steinball eine markante ovale Zeichnung, die kreative Zeitgenossen als Raumschiff deuten könnten. Andere werden die Gravur als „Sonnenboot" oder „Mund" interpretieren. Der Fantasie sind bei der Auslegung fast keine Grenzen gesetzt. Was der Künstler wirklich mit der Petroglyphe ausdrücken wollte, ist ebenso unklar wie die Frage, durch wen, wann und zu welchem Zweck die Einkerbungen geschaffen wurden.

Der Sturz des Phaethon von Moschino (1842) in der Skulpturensammlung des Bode-Museums Berlin. Kunstwerk in Erinnerung an einen Meteoriteneinschlag?

Man kann die astronomische Deutung der Zeichen als zufällige Anordnungen abtun. Doch weshalb wurden gleichartige Darstellungen ebenso auf anderen prähistorischen Monumenten verewigt? Etwa auf einem pyramidenförmigen Monolith aus Sandstein, 60 Kilometer südlich der norditalienischen Stadt Mailand, nahe der Ortschaft Piacenza. Der eigenwillige Klotz liegt verborgen in einem kultivierten Weingarten am Fuße des Berges San Martino. Er misst grob 5 mal 5 Meter und zeigt Linien, Punkte und Vertiefungen, die als das Sternbild des Schwans und als Polarstern zu deuten sind. Das stimmt genau mit jenen Markierungen überein, die auf dem serbischen Povlen-Stein verewigt wurden …

Ironie der Geschichte: Die Geheimnisse der Steinkugeln vom Balkan waren als exklusiver Beitrag für die 2013 produzierte ORF-Filmdokumentation „EDEN II – Welt ohne Männer" vorgesehen. Doch just diese sehenswerten Aufnahmen mit brisanten Vor-Ort-Recherchen fielen im Schneideraum der Schere zum Opfer. Verschwörungstheoretiker werden ihre wahre Freude daran haben.

Murmeln und Mysterien

NEOLITHISCHE GOLFBÄLLE

Tonnenschwere Riesenkugeln ungeklärter Herkunft haben mysteriöse kleine Mitspieler. Die perfekten runden Miniaturausgaben sind oft nicht größer als eine Murmel und haben maximale Faustgröße. Die ältesten mit großer Perfektion gemeißelten Steinkugeln stammen aus der Jungsteinzeit und sind rund 5500 Jahre alt. Mehr als 400 dieser Kugeln wurden Ende des 19. Jahrhunderts in der Umgebung von Aberdeenshire und Angus in Schottland gefunden. Vereinzelte Exemplare sind auch aus Irland und Nordengland bekannt. Das „National Museum of Scotland" in Edinburgh und das „Ashmolean Museum" in Oxford beherbergen die meisten Sammlerstücke.

5500 Jahre alter „Golfball" aus dem Britischen Museum. Was war sein Verwendungszweck?

In viele dieser Kleinode sind konzentrische Kreise, Spiralen und geometrische Muster graviert oder sie haben kreisförmige Noppen und Auswölbungen. Die Kugelobjekte bestehen meist aus Hartgestein wie Granit, Diorit oder Quarzit. Eine einfache Schnitzerei kann die gewählte Formgebung und Bearbeitung nicht gewesen sein. Obwohl manche Kugelobjekte starke Verschleißspuren aufweisen, wird von Archäologen eine praktische Nutzung bestritten. „Statussymbole für Macht" oder „rituelle Gegenstände" lauten die gängigsten Hypothesen. In Wahrheit weiß niemand, wozu diese Steinzeitkugeln in ästhetischem Design und mit auffälliger Symmetrie tatsächlich gedient haben.

DIE GRANITKUGEL DES CHEOPS

Bei einem überraschenden Kugelfund in der Cheops-Pyramide beißen Gelehrte seit 1872 gleichermaßen auf Granit. Damals entdeckte der schottische Ingenieur Waynman Dixon (1844–1930) in der sogenannten „Königinnenkammer" bis dahin unbekannte verschlossene Schächte hinter einem Plattenbelag. Er öffnete sie gewaltsam und fand im unteren Teilstück des nördlichen Schachtes drei merkwürdige Gegenstände: eine fast sieben Zentimeter große glatte Steinkugel, einen fünf Zentimeter breiten Doppelhaken aus Kupfer und einen Stab aus Zedernholz, der inzwischen als

verschollen gilt. Kugel und Haken sind erhalten und im „British Museum“ in London ausgestellt.
Wozu haben diese mindestens 4600 Jahre alten Artefakte gedient? Sind es handwerkliche Gegenstände und Messinstrumente, die bei der genialen Konstruktion des Weltwunders eine Bedeutung hatten? War die Granitkugel eine Art „Senkblei“, um die Pyramidenschächte in die gewünschte Neigung auszurichten? Oder handelt es sich lediglich um „Scheinwerkzeuge für eine magische Schachtöffnung“, wie Ägyptologen vermuten? Wir wissen es nicht.

1872 in einem verschlossenen Schacht der Cheops-Pyramide entdeckt: mysteriöse Steinkugel und Kupferhaken

DER LUZERNER „DRACHENSTEIN“

Wir kennen auch nicht das Geheimnis, das der ominöse „Drachenstein“ im Naturmuseum von Luzern bewahrt. Er ist das bekannteste medizinische Kultobjekt der Schweiz. Die Überlieferung erzählt, dass im Sommer 1421 ein Drache während des Fluges zum Bergmassiv Pilatus den Stein sowie geronnenes Blut vom Himmel fallen gelassen habe. In der Chronik wird ein Bauer namens Stempflin als Augenzeuge genannt. Er sei über das Gesehene, die Hitze und den Gestank derart erschrocken gewesen, dass er in Ohnmacht fiel. Nachdem sich der Landwirt wieder erholt hatte, fand er bei

Eine bekannte Schweizer Sage erzählt von einem fliegenden Ungeheuer, das 1420 einen rätselhaften Stein auf die Erde fallen ließ. Ein Meteorit?

der Absturzstelle den „Drachenstein" und nahm ihn an sich. In der Folge wechselte die „himmlische Billardkugel" mehrmals den Besitzer und wurde dank ihrer angeblichen Heilkräfte berühmt. (Abb. S. 64)
Lange Zeit wurde vermutet, dass die Kugel im Inneren einen Meteoriten enthalten könnte. Damit wäre der spätmittelalterliche Irrglaube, wonach ein „Drachenstein" vom Himmel fallen könne, aus heutiger Sicht erklärbar gewesen. Im Jahre 2006 versuchten Fachleute mit Hightechmethoden das Rätsel zu lösen. Mit dem Ergebnis, dass die Kugel keinen Hohlraum besitzt, sondern komplett aus gebranntem Ton oder einer Kieselmasse unbekannten Ursprungs besteht, die nachträglich braun bemalt und bearbeitet wurde. Was die Experten bei der ernüchternden Analyse trotzdem nicht erklären können: Wieso strahlt der „Drachenstein" eine erhöhte Radioaktivität ab?

DIE NOMOLI-METALLKUGEL

Wie kommt eine winzige Metallkugel in eine prähistorische Steinfigur? Das fragte sich auch der italienische Forscher und Geologe Angelo Pitoni (1924–2009), als er in der westafrikanischen Republik Sierra Leone fremdartige Skulpturen untersuchte, die von Einheimischen Nomoli genannt werden. Sie stellen Menschen oder aus Mensch und Tier zusammengesetzte fantastische Wesen dar. Es ist nicht geklärt, wer sie wann hergestellt und vergraben hat. Die Volksgruppen der Mende und Kono weisen ihnen übernatürliche Herkunft und magische Kräfte zu.

Geräusche beim Bewegen der Skulptur veranlassten eine Röntgenuntersuchung. Dabei wurde eine kleine Stahlkugel sichtbar, die geborgen wurde.

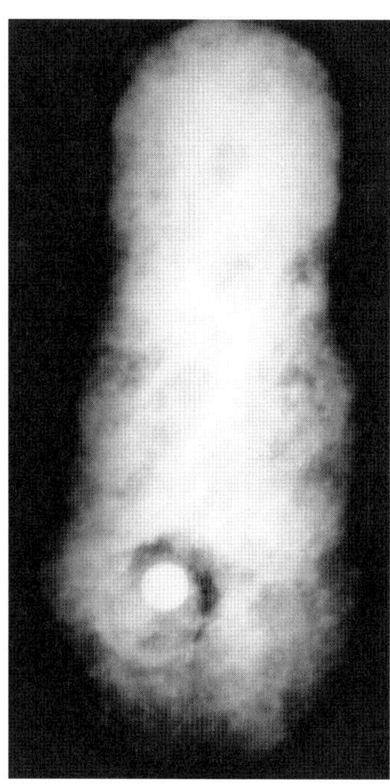

Die seltsamste Plastik ist gleichzeitig auch die älteste. Sie misst 20 Zentimeter und kam bei Diamantgrabungen in 50 Metern Tiefe zum Vorschein. Die geologische Schicht würde auf ein sagenhaftes Alter von 2500 bis 17 000 Jahren schließen lassen. Pitoni bemerkte, dass die Figur Geräusche machte, sobald man sie bewegte. Eine Röntgenaufnahme offenbarte im Inneren einen Hohlraum, der daraufhin aufgebrochen wurde. Heraus fiel eine kleine Metallkugel. Die Materialbestimmung ergab, dass die Kugel eine Mischung aus Chrom und Stahl ist. Wie kam sie in die Nomoli-Figur hinein? Hatte sich jemand einen Scherz erlaubt und zuvor ein modernes Kugellager eingesperrt?
Augen- und Ohrenzeugen schwören, dass die Statuette bereits bei ihrer Entdeckung „Klimpergeräusche" von sich gegeben habe. Die kurz darauf entstandene Röntgenaufnahme stützt die Behauptung, dass die Metallkugel tatsächlich bereits vor deren Entdeckung in dem Artefakt eingeschlossen gewesen sein muss. Wie sie allerdings hineinkam, bleibt ebenso unbegreiflich wie die Frage nach ihrer Bedeutung.
Magische Kräfte? Daran dachten wohl auch einige Besucher der „Unsolved-Mysteries"-Ausstellung in Wien. Im Jahr 2001 war das Schaustück mit der kleinen Kugel in einer dicht verschlosse-

Ausstellung „Unsolved Mysteries" 2001 in Wien: Hinter verschlossener Vitrine machte sich die Nomoli-Kugel selbstständig.

nen Vitrine zu bestaunen. Eines Tages stellten Aufseher fest, dass sich das Objekt – scheinbar über Nacht und offenbar selbstständig – etwa 30 Zentimeter vom ursprünglichen Standort entfernt hatte. Wie es zu dieser „geisterhaften Wanderschaft" gekommen war, konnte nie geklärt werden. Als die Ausstellung 2004 in Interlaken in der Schweiz gezeigt wurde, gab es in der Nomoli-Vitrine neuerlich Alarm: Dieselbe Figur, wiederum verschlossen hinter Sicherheitsglas, kippte diesmal als einziges Stück ohne ersichtlichen Grund auf die Seite. Sie blieb dabei völlig unbeschädigt. Die Ursache für den „Umfaller" konnte nie eruiert werden.

Es wird Skeptiker geben, die mit rollenden Rätseln nichts anfangen können und „Kugelmysterien" für reinen Aberglauben halten. „Vielleicht würden sich manche Märchen und Mythen als wahr herausstellen", hält dem der deutsche Schriftsteller Kai Meyer entgegen, „wenn nur jemand den Mut aufbrächte, in einem Brunnen nach einer goldenen Kugel zu suchen."

Fortsetzung der Schau in Interlaken 2004: Wieder sorgte die Nomoli-Figur mit ihrer Kugel für magische Momente.

GEHEIME GÄNGE

Sonderbare Schlupflöcher, mythische Schrazeln und Hightechtunnel der Steinzeit

Und wenn das Durchschliefen auch ein bisserl mühsam ist,
so hat es doch auch seinen eigenen Reiz, man lässt das Heute weit hinter sich.

Heimatforscher Karl Lukan (1923–2014)
über seine Erfahrungen im Untergrund

Das Erdstall-Phänomen

Wer behauptet, es gäbe in unserer aufgeklärten Zeit keine archäologischen Geheimnisse mehr, der ist noch nie durch einen Erdstall gekrochen. Schon der Name „Stall“ mutet seltsam an. Das Wort steht hier für „Stelle“, „Platz“ oder „Ort“ und hat nichts mit der Unterbringung von Tieren zu tun. Erdställe sind künstlich von Menschenhand angelegte Gangsysteme unterhalb des Erdbodens. Die meisten Archäologen und Erdstallforscher datieren ihre Entstehungszeit ins Mittelalter. Die eigentümlichen Tunnel sind etwa 60 Zentimeter breit und meist nur bis zu 1,40 Meter hoch, wobei die Deckengewölbe auffällig spitz oder rund geformt sind.

Meist sind die Gänge verwinkelt und verzweigt über mehrere Etagen angelegt. Um in tiefere Bereiche, Kammern und Seitengänge zu gelangen, muss sich der Gast durch enge Schlupflöcher zwängen. An den Seitenwänden sind vielfach „Lampen-“, „Tast-“ und „Sitznischen“ angebracht. Eine weitere Eigenheit: Erdställe haben nur einen Eingang, der gleichzeitig der Ausgang ist. Im Normalfall sind die Gänge zehn bis 50 Meter lang. Es gibt Ausnahmen, wie das Höhlenlabyrinth unter dem Kapellenberg von Althöflein in der niederösterreichischen Marktgemeinde Großkrut. Mit 270 Metern Länge ist das Gangsystem die größte bisher bekannte zusammenhängende Erdstallanlage Mitteleuropas.

Ein Fortbewegen im Inneren fast aller Erdtunnel ist nur in gebückter Körperhaltung oder kriechend möglich. Könnten Erdställe Behausungen für Gnome und Pygmäen gewesen sein? Klingt skurril, aber angesichts der zwergenhaften Bauformen könnte man das tatsächlich mutmaßen. Im Volksmund lassen sich originelle Bezeichnungen für die unterirdischen Labyrinthe finden: Alraunhöhle, Erdweiblschlupf, Graslgang, Grufen, Querloch, Rätselloch, Zwergenloch, oder wie die Bayern sagen – Schrazelloch (abgeleitet von dem Glauben an Naturgeister, den Schraten oder Schrazeln). Erdställe werden häufig unter alten bäuerlichen Besitztümern, Kirchen, Friedhöfen und Hausbergen entdeckt, und das in großer Anzahl. Die meisten bekannten Fundstellen liegen in Bayern, Oberösterreich, Niederösterreich, dem Burgenland und in der Steiermark. Doch ihre Verbreitung reicht weit darüber hinaus: Böhmen und Südmähren im Gebiet der heutigen Tschechei und Slowakei sowie Ungarn und Polen, aber auch Frankreich und Spanien, ebenso Südengland, Schottland und Irland, können auf diese rätselhafte Unterwelt verweisen. Mehr als zweitausend dieser Anlagen soll es im europäischen Verbreitungsgebiet geben oder vielmehr gegeben haben. Denn, viele der künstlich angelegten Stollen wurden im Laufe der letzten Jahrzehnte von Bauern oder Besitzern neu errichteter Einfamilienhäuser, die auf einen Erdstall gestoßen waren, wieder zugeschüttet. Nur wenige haben sich hierzulande im ursprünglichen Zustand ins 21. Jahrhundert hinübergerettet. Einige Hundert hat man allein in Oberösterreich gezählt,

Perg in Oberösterreich: Eingang zum Erdstall Ratgöbluckn

aber nur zwei Dutzend sind in ihrer ursprünglichen Architektur erhalten. Über die „Dunkelziffer" der zerstörten oder noch nicht entdeckten Erdställe lässt sich nur spekulieren.

„Was sind das doch für sonderbare Menschenwerke, diese künstlichen Höhlen, nah unserer Wahrnehmung und doch so fern unserer Erkenntnis, so wenig beachtet und doch so wert, Denken und Schaffen einer längst vergangenen Zeit aus ihnen zu erschließen! Diese, in wunderlichen Windungen und überraschendem Zickzack tief in die Erde eindringenden Gänge, die mehr einer Röhre gleichen, durch die man sich, oft nur wie ein Wurm, durchzuzwängen vermag, an die sich dann Kammer an Kammer reiht, aber auch nicht größer, als sechs oder acht Menschen Raum finden und sich eben noch aufrichten können …"

So anschaulich beschrieb Dr. Matthäus Much im Jahre 1903 das Erdstallphänomen. Für heutige Begriffe ist ein solches labyrinthartiges Stollensystem ein in sich unlogisches Bauwerk, ohne jeglichen erkennbaren Sinn oder Zweck. Hatten die Gänge überhaupt einen *praktischen* Nutzen? Warum oder wofür sind diese irrwitzigen Höhlen gebaut worden? Das sind die drängenden Kernfragen zum Erdstall-Rätsel. Sie blieben seit der ersten wissenschaftlichen Untersuchung im Jahre 1828 bis heute ungelöst.

Hinab ins Schrazelloch

Die erste Stippvisite prägt sich als unvergessliches Erlebnis ins Gedächtnis jedes Erdstall-Besuchers ein. Bei mir war der „Erstkontakt" im Sommer 1997. Ein Ausflug führte mich zum Kurort Bad Zell, nördlich von Linz, in Oberösterreich. Hier gibt es auf Privatbesitz ein besonders gut erhaltenes Schrazelloch mit drei unterirdischen Stockwerken. Beim Bauernhaus „Maierhof 18" erkundigte ich mich nach den Geheimgängen und wurde freundlich empfangen. Johann Wansch erzählte mir bereitwillig über die Entdeckung des Höhlensystems:

„Es war im Jahre 1933, als mein Vater auf eine Merkwürdigkeit aufmerksam wurde. Nach schweren Unwettern kam es vor, dass große Mengen Regenwasser den Vorratsraum unseres Kellers überschwemmten. Eines Tages jedoch, als der Keller wieder unter Wasser stand, versickerte dieses plötzlich im Erdboden. Mein Vater schaute nach und erblickte eine Steinplatte. Als er sie beiseite schob, fand er ein Loch. Bei der Freilegung und Erkundung stellte die Familie verblüfft fest: ‚Ein Teil unseres Grundstücks ist mit begehbaren Hohlräumen durchsetzt, in drei Höhenlagen, rund 40 Meter lang, aber teilweise mit Schwemmsand und Wasser gefüllt.'"

Die Neugier hatte mich gepackt, ich wollte unbedingt den Abstieg in die Unterwelt wagen. Johann Wansch führte mich durchs Haus und deutete in einem Nebenraum auf eine Stelle: „Hier ist es!" Tatsächlich, da war in einem Abstellraum ein dunkles unscheinbares Erdloch erkennbar, vielleicht 40 cm im Durchmesser und auf den ersten Blick einem „Plumpsklo" nicht unähnlich. Auf einer Strickleiter stieg ich hinab und zwängte mich durch die schmale Einstiegsluke in die erste Etage des Zwergenlochs. Feiner Sand rieselte von den Wänden, dann stand ich plötzlich in einer anderen Welt. Das Licht meiner Taschenlampe machte es sichtbar: Vor mir lag ein enger, verzweigter Gang, oben an der Decke spitz zulaufend. Fein säuberlich aus dem porösen Löss gearbeitet, gegraben, geschaufelt und gekratzt.
Über Steine und Bretter versuchte ich, in gebückter Haltung Wasserpfützen zu umgehen, bis plötzlich vor mir ein neues finsteres Schlupfloch auftauchte. Mit Mühe gelang es mir, von dort in die nächste untere Etage vorzudringen. Ich befand mich nun etwa vier bis fünf Meter unter der Erdoberfläche. Es war friedlich, still und doch unheimlich. Inzwischen war mir klar geworden, dass ich mit Sakko und leichten Sommerschuhen nicht gerade ideal für diese Expedition ausgerüstet war. Das seltene Erlebnis hat mich jedoch für durchnässte Kleidung und Schuhwerk allemal entschädigt. Ich tastete mich auf allen vieren weiter, vorbei an Sitzecken und kleinen Nischen an den Wänden, bis zur nächsten Einstiegsluke ins dritte Untergeschoß. Da

Rückschau 1997: erste Erdstall-Besichtigung des Autors

dieser Gang großteils unter Wasser stand, entschloss ich mich zur Umkehr. Was ich erlebt und gesehen hatte, war beeindruckend genug.

Vor wenigen Jahrzehnten war die Erkundung eines Erdstalles noch ein exotisches Abenteuer. Seit damals nahmen kaum Archäologen von den irrealen Geheimgängen Notiz. Lexika verschwiegen ihre Existenz und auch architektonische Handbücher erwähnten sie ebenso wenig wie Standardwerke der Volkskunde. Inzwischen hat sich das dank vieler engagierter Forscher und Denkmalpfleger etwas geändert. Der kulturhistorische Wert der Anlagen wurde erkannt und wird geschützt. Allein in Bad Zell wurden mittlerweile vier Erdställe wissenschaftlich untersucht. Ein weiteres Dutzend ist aus der Region des Bezirks Freistadt dokumentiert. Viele der rund 300 bekannten Erdställe in Oberösterreich sind wieder verschüttet oder nicht mehr auffindbar. Andere befinden sich auf Privatbesitz oder können nur zu Forschungszwecken betreten werden. Dennoch ist die Besichtigung eines Schrazellochs heute keine Hexerei mehr.

Manche Erdstollen sind öffentlich zugänglich, darunter einer in Bad Zell, der teils als Bier- und Weinkeller genützt wird. Er befindet sich unter dem Gasthof Populorum „Zum feuchten Eck" (Huterergasse 5). Gelegenheiten zur Begehung oder besser gesagt Bekriechung erlauben auch Erdställe in den oberösterreichischen Gemeinden Kleinmollsberg (Haus Nr. 2; Neustift im Mühlkreis), Münzkirchen (Einstieg im Gasthof Wösner), Hellmonsödt (unter dem Denkmalhof Mittermayer im Freilicht-Museum Pelmberg), Wartberg ob der Aist (in einem Waldstück hinter dem Haus Reitling Nr. 26) und das mit 106 Metern Gesamtlänge leicht begehbare Gangnetz von Perg, genannt Ratgöbluckn (einer Außenanlage des Heimat- und Stadtmuseums). Für Leute ohne Klaustrophobie gilt: Voranmelden, hinfahren und in die Unterwelt absteigen. Es lohnt sich!

Wiener Geheimgänge

Viele Großstädte besitzen unterirdische Geheimnisse, die wenig erforscht und noch voller Rätsel sind: verschüttete Keller, labyrinthartige Gänge, unheimliche Grüfte und Katakomben. Sie existieren auch in meiner Heimatstadt Wien. Einigen verborgenen Orten unterhalb der Erde konnte ich nachspüren. Von einem Erdstall war mir bislang allerdings nichts bekannt. Bis zum März 2015: Da wurde ein solcher in der Rasumofskygasse im dritten Wiener Gemeindebezirk Landstraße entdeckt. Er zeigt die typische Charakteristik: mehrere niedrige Kammern, die durch schmale Schlupflöcher verbunden sind, und ebenso kleine, aus dem Lehm herausgearbeitete Sitznischen an den Seitenwänden.

2015 in Wien: Archäologen entdecken mitten im Stadtgebiet einen Erdstall.

Der Fundplatz ist ungewöhnlich. Im 18. Jahrhundert thronte hier das Palais Mesmer und im 19. Jahrhundert stand an der Stelle eine „Galvanische Metall-Fabrik", bevor 1920 das Post- und Telegraphenamt errichtet wurde. Im Zuge der Bauarbeiten für eine neue Postzentrale kamen Novitäten aus 7000 Jahren Geschichte zum Vorschein! Die Entdeckungen umfassen frühneolithische Gräben und Pfostenstellungen, prähistorische Grubenhäuser, Brunnen und Öfen, die Werkstätte einer keltischen Münzproduktion, Gussformen für Bronzeobjekte, antike Handelsware aus dem Adriaraum, die ältesten Schreibgeräte und Römerfunde im Wiener Stadtgebiet sowie Relikte aus dem Mittelalter.

Aus dieser Epoche soll auch der Erdstall stammen, der sich mittendrin im archäologischen Schatzareal befindet. Er war mit Keramik aus dem 13. Jahrhundert zugeschüttet, darunter Überreste von großen „Kochtöpfen" (mit 40 Zentimetern Durchmesser), aber auch nur wenige Zentimeter hohe „Miniaturgefäße". Karin Fischer Ausserer, Leiterin der Stadtarchäologie Wien, äußerte die Vermutung, dass der Erdstall Teil einer „Großküche" gewesen sein könnte. Als Indiz dafür wird ein nahe gelegener Brunnen aus dem Mittelalter genannt. Küche und Wasserstelle könnten vom Kloster St. Maria genutzt worden sein, das sich in unmittelbarer Nähe des Fundplatzes befindet, vermutet die Chefarchäologin. Als gesichert gilt, dass ein gewaltiger Graben mit 20 Metern Breite und drei Metern Tiefe einst zum Klosterbereich gehörte. Er wurde um 1700 zugeschüttet, seine Entstehungszeit war aber früher. Und beim Erdstall? Könnte auch er älter sein als gedacht? Eine Nutzung als „Küche" wäre einzigartig. Wie soll das praktisch in den beengten Kammern funktioniert haben?

Irrgarten unter der Wehrkirche von Kleinzwettl

Einer der interessantesten und schönsten Erdställe befindet sich in Kleinzwettl im nördlichen Waldviertel nahe der tschechischen Grenze. Am Rande der kleinen Ortschaft thront auf einem Hügel das Kirchlein St. Jakob, geschützt von einer hohen Wallmauer mit Zinnen. Den teils abgetragenen Wehrgraben davor kann man noch erahnen. Romanische Bauelemente belegen, dass das beschauliche Gotteshaus im 12. Jahrhundert errichtet wurde. Damals siedelten sich Zisterzienser des Stiftes Zwettl in dem Dorf an, das ursprünglich Münichreith hieß. Die Kolonie Kleinzwettl muss unter dem Einfluss der Templer gestanden haben. Ihre Spuren sind auf den Mauerwänden bei der Pforte und im Kircheninneren erhalten: Tatzenkreuze, typische Symbole des legendären Ritterordens. Um 1400 erfolgte ein gotischer Umbau, der seither nicht verändert wurde.

Das Zentrum im Altarbereich besitzt eine bautechnische Einzigartigkeit: ein geheimes Portal zu einem Erdstall. Um in die Unterwelt vorzudringen, muss eine schwere Granitplatte mit Eisenring gehoben werden. Ein Mensch alleine schafft es nicht, sie aus der Verankerung zu stemmen. Erst wenn ein Holzbalken durch den eisernen Ring geschoben wird und zwei kräftige Männer anpacken, kann der Steinverschluss verschoben werden. Zum Vorschein kommt ein kleines Einstiegsloch.

Zunächst geht es senkrecht hinab zu einer rechtwinkeligen Abzweigung, die weiter hinein ins düstere Gewölbe führt. Der Vorderbereich des 52 Meter langen Tunnels ist ähnlich dem einer Megalithanlage gemauert. Der Rest wurde aus dem harten Grundgestein herausgemeißelt. Der Verdacht

Wehrgraben um die Kirche von Kleinzwettl

Außergewöhnlich: Erdstall-Einstiegsluke im Gotteshaus

liegt nahe, dass der Erdstall bereits vor dem Kirchenbau da war. Könnte der unterirdische Bau bereits in prähistorischer Zeit existiert haben? Es wäre kein Einzelfall, dass eine alte heidnische Kultstätte im Sinne der Christianisierung umgestaltet oder anders genutzt wurde.

Wagt man sich weiter ins Innere des Kleinzwettler Erdstalls, dann stellt man fest, dass die Situation immer beengter und unwirtlicher wird. In mehreren Abschnitten ist ein Fortkommen nur robbend am Bauch möglich. Man gleicht dank Sand und Schlamm einem Erdferkel. Vor dem Ende des Erdstalls kommt es zu einer Verzweigung. Es ist egal, ob man links oder rechts weiterkriecht. Der weitere Stollen ist kreisförmig angelegt, sodass man jeweils wieder zum Ausgangspunkt zurückkehrt.

Lange ist es in dieser beengten Behausung nicht auszuhalten. Der Wunsch, möglichst bald wieder Tageslicht zu sehen und frische Luft zu atmen, wird stärker. Als Versteck für Menschen kann diese Anlage ohne ständige Frischluftzufuhr nicht gedient haben, bestenfalls als „Bußkeller“ für arme Sünder. Ich hatte mehrmals die Gelegenheit, durch den finsteren Irrgarten zu kriechen, zuletzt 2008 im Rahmen von Dreharbeiten über das Erdstall-Rätsel. Heute ist das Betreten wegen Wassereinbruch und Einsturzgefahr nur mehr mit Sondergenehmigung möglich.

Zu erforschen gäbe es freilich noch einiges: etwa an der Ostmauer der Wehrkirche. Dort liegt versteckt hinter einem Barockaltar und einer eingezogenen Wand ein schmales und hohes Fenster. Als die Morgensonne noch den Kirchenraum durch diesen Spalt erhellen konnte, waren bei günstigen Wetterverhältnissen an bestimmten Tagen spezielle Lichteffekte zu beobachten. Einheimische erinnern sich, dass ein Sonnenstrahl für kurze Zeit einen „Lichtfleck“ erzeugte, der genau zum Eingangsbereich des Erdstalls zielte. Wenn der Verschlussstein entfernt und die Erdstallluke geöffnet war, muss der Lichtstrahl die Unterwelt für kurze Momente erhellt haben. Meines Wissens wurde dieser von den Kirchengründern bewusst gestaltete „Sonneneffekt“ noch nicht wissenschaftlich untersucht. Wer bringt endlich Licht in die stockdunkle Erdstall-Welt?

Ratlose Wissenschaft

Über die ursächliche Bedeutung der Erdställe gibt es keine historischen Schriften oder gesichertes Wissen. Das bietet viel Spielraum für Fantasie und Spekulation. Die angebotenen „Lösungsvorschläge“ sind facettenreich und widersprüchlich.

Versteck vor Feinden

Weitverbreitet ist die These als Fluchtstätte. In kriegerischen Zeiten nutzte die Bevölkerung die unterirdischen, oft unter Bauernhöfen angelegten Stollen als Versteck. Wie aber hätte der Bauer seinen wertvollsten Besitz, das Vieh, im Erdstall retten können? Außerdem: Beim Aufenthalt mehrerer Personen entsteht, wenn nicht Luftschächte vorhanden und intakt sind, nach wenigen Stunden akuter Sauerstoffmangel.

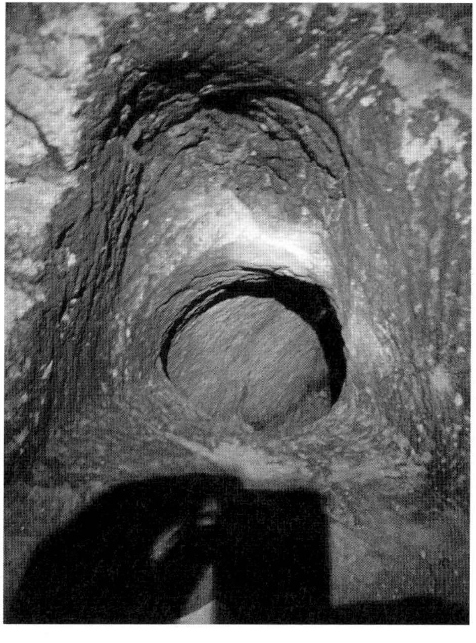

Schlupfloch ins Unbekannte

Verteidigungsgänge

Einige Erdställe wie jener in Kleinzwettl, haben Rundgänge, die, so wird argumentiert, deshalb angelegt wurden, um eindringende Feinde zu verwirren oder leichter abwehren zu können. Warum aber sollte ein Angreifer in das unübersichtliche Gangsystem überhaupt eindringen? Solange er dort unten Leben vermutet, wären das Zuschütten des Eingangs oder das Ausräuchern die einfachsten Lösungen. Der Erdstall als Zufluchtsstätte wäre eine tödliche Falle geworden.

Fluchtgänge

Es gibt nur *einen* Eingang und der ist mit dem Ausgang identisch. Wohin hätte man flüchten sollen?

Bergmännische Nutzung

Was nicht zur Bergbau-Theorie passt: Die Architektur der schmalen Röhren und Schlupflöcher ist oft so eng, dass man darin nur liegen kann. Arbeitstechnisch und für eine wirtschaftliche Nutzung völlig ungeeignet.

Erdställe sind keine behaglichen Orte. Wozu dienten die Gänge?

Keller- und Vorratsräume

Waren Erdställe nichts weiter als Kelleranlagen und Vorratsräume? Im Erdstall herrscht eine bedrückende Enge, die jede unbedachte Bewegung ausschließt. Wie sollten durch die engen Schlupflöcher und senkrechten Schächte größere Vorräte transportiert worden sein? Wer baut Keller mit einer Raumhöhe, die manchmal nicht mehr als 40 Zentimeter misst?

Kultische Verwendung

Eine praktische Verwendung der Erdställe ergibt keinen logischen Sinn. Viele Heimatforscher vermuten deshalb eine „kultische" Bedeutung. Aber welcher Kult wurde vollzogen? Aussagekräftige Zeugnisse für belegbare rituelle Handlungen fehlen. „Kult" ist ein gern verwendeter Hilfsbegriff, eine Art „Verlegenheitserklärung" für das Unbegreifliche.

Krankheitsmagie

Bestimmten Plätzen wird eine heilende Kraft nachgesagt. Heute noch sind Bräuche erhalten geblieben, die auf keltische Heilungs- und Fruchtbarkeitsriten zurückgeführt werden können. So gibt es beispielsweise im bayrischen Bad Abbach ein Felsenloch, durch das man gegen Kreuzschmerzen oder „Leibschaden" kroch. Hatten die Erdställe im Volksglauben eine ähnlich hilfreiche Wirkung? Waren sie unterirdische Rehabilitationszentren?

Bestimmten Kult und Magie die unterirdische Welt?

Wiedergeburtsmagie

Bietet der enge Durchschlupf in die „Mutter Erde" einen Bezugspunkt zu Magie, Tod und Wiedergeburt? Könnte der Abstieg in die Unterwelt ein Symbol für das Totenreich sein? Sollten beim Durchkriechen der Übergang zum Tod und die Wiedergeburt nachgeahmt werden? Waren die unterirdischen Gänge Visionsräume beziehungsweise Meditationsorte, ähnlich den völlig dunklen und schalldichten Isolationstanks, wie sie heute bei psychotherapeutischen Heilverfahren und für Out-of-Body-Experimente (außerkörperliche Erfahrungen) verwendet werden?

Opferbräuche

Gegenstände, die in den Stollen gefunden wurden, waren meist zerstört: Scherben, Asche, Knochen, angebrannte Holzstücke und Brandspuren. Hinweise für einen Kult um Brandopfer? Wozu aber dann die aufwendige Baukonstruktion?

Totenkult

Wurden in den unterirdischen Gängen die Ahnen verehrt? Einige Forscher glauben, dass Erdställe als Leergräber für zurückgebliebene Tote zusammen mit einem neuen Bauernhaus entstanden sind, um diese als Beschützer der Familie zu erhalten.

Hausgeister und reale Zwerge?

Bleibt noch die originellste Deutung, die dem Erdstall-Phänomen seinen Namen gab: Zwergenwohnung. Waren die engen und niedrigen Behausungen für Hausgeister bestimmt? Oder noch fantastischer: Sind es Hinterlassenschaften eines ausgestorbenen „Zwergenvolks"? Der 1940 verstorbene Heimatforscher Franz Xaver Kießling war davon überzeugt und verwies auf die alten Sagen und Märchen über Wichtel, Trolle und Kobolde. Spukhafte Begegnungen mit zwergenhaften Wesen sind uns aus aller Welt überliefert. Heute noch schwören Augenzeugen, sie hätten solche kleinwüchsigen Geschöpfe beobachtet. Beliebtester Erscheinungsort in unseren Breiten ist das Zauberreich im Untersberg bei Salzburg an der bayrisch-österreichischen Grenze. Zwischen Schluchten und Höhlen zeigt sich das „kleine Volk" offenbar besonders gerne. Esoteriker können den Schilderungen etwas abgewinnen, Rationalisten verbannen die paranormalen Kontakte ins Reich der Fantasie.

DER INDONESISCHE HOBBIT

Dass die Existenz ehemaliger Zwergenwesen kein Hirngespinst sein muss, beweisen die 2003 gemachten Skelett- und Schädelfunde auf der indonesischen Insel Flores. Sie entpuppten sich als Überreste einer unbekannten kleinwüchsigen Menschenart, die Anthropologen *Homo floresiensis* nennen. Diese Gattung war zu Lebzeiten kaum größer als einen Meter. Fantasyfreunde bevorzugen daher den Spitznamen „Hobbit", nach Tolkiens „Der Herr der Ringe". Vor rund 13 000 Jahren soll diese Miniaturausgabe des modernen Menschen ausgestorben sein.

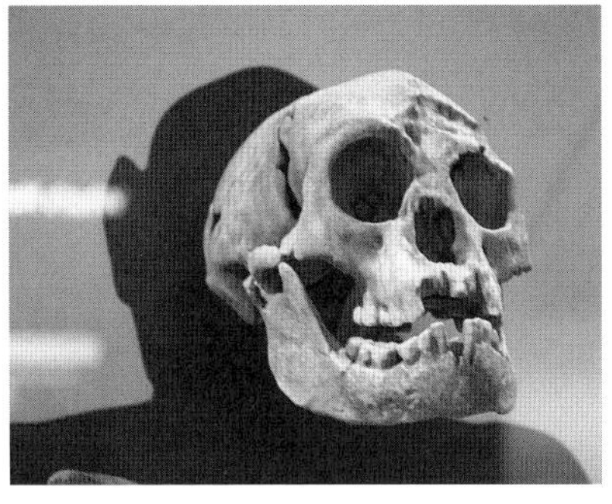

Schädel des 2003 entdeckten Homo floresiensis: Der indonesische Zwergenmensch war nur einen Meter groß. Ist er wirklich ausgestorben?

Es ist dennoch nicht ausgeschlossen, dass einzelne „Hobbits" bis ins 19. Jahrhundert überlebt haben. Den Tipp dazu liefern indonesische Sagen über den Ebu Gogo. Der australische Forscher Richard Roberts hat Berichte von Einheimischen dazu gesammelt. Demnach „waren die Ebo Gogos winzig wie kleine Kinder, außer im Gesicht komplett behaart und hatten lange Arme und einen runden Trommelbauch. Sie murmelten ständig in einer unverständlichen Sprache". Der letzte Ebu Gogo soll erst kurz vor der Kolonisation der Insel durch die Niederländer verschwunden sein. Auf der nahe gelegenen Insel Sumatra wird noch heute von „kleinen Menschen" berichtet, die gelegentlich von der Bevölkerung gesichtet werden sollen. Man nennt diese scheuen Zwergenwesen Orang Pendek. Kryptozoologen vermuten einen Zusammenhang zu den Berichten über die Ebu Gogo und den *Homo floresiensis*.

DIE ZWERGENMUMIE PEDRO AUS WYOMING

Unglaublich klingt eine Entdeckung am Fuße der Pedro Mountains, etwa 100 Kilometer südwestlich der Stadt Casper im US-Bundesstaat Wyoming. Im Jahre 1932 legten Sprengarbeiten der Goldsucher Cecil Main und Frank Carr unbeabsichtigt einen 4,50 Meter langen Tunnel frei, der nur etwas mehr als einen Meter breit und hoch war. Als sich die Staubwolken verflüchtigt hatten, zuckten die beiden Männer vor Schreck zusammen. Aus der kleinen Höhle starrte sie eine koboldhafte Mumie an, die mit überkreuzten Beinen und Armen auf einem Steinbalken saß. Sie wurde nach dem Fundort „Pedro" getauft.

Wissenschaftler der Harvard-Universität haben die Echtheit der Mumie bestätigt. Der Anthropologe Dr. Henry Shapiro (1902–1990) erklärte, dass die Untersuchungen ein komplettes Erwachsenenskelett ergeben hätten, das mit getrockneter Haut überzogen war. Zu Lebzeiten soll der Winzling höchstens 35 Zentimeter gemessen haben und bei seinem Tod angeblich 65 Jahre alt gewesen sein. Die Mumie landete leider nicht im Museum, sondern ging in Privatbesitz über. Zunächst wurde ein Autohändler namens Ivan P. Goodman als Eigentümer genannt. Als dieser 1950 starb, wurde Leonard Wadler neuer Hüter von „Pedro". Danach verliert sich seine Spur. Alte Fotos, Röntgenaufnahmen und Dokumente existieren, doch niemand weiß, wo sich die Mumie heute befindet. Anhand früherer Untersuchungsergebnisse bezweifelte der französische Zoologe Dr. François de Sarre 1993 das hohe Alter des Leichenfundes. Seine These: „Pedro" sei sicher kein Kobold, sondern ein Fötus mit abnormer Schädelausbildung (Mikrozephalie).

Verschollen: die 1932 bei Sprengarbeiten in den USA entdeckte Zwergenmumie „Pedro"

DER ATACAMA-HUMANOID

In jüngster Zeit rückte ein groteskes Miniskelett aus Südamerika in den medialen Fokus. Es misst nicht mehr als 14 Zentimeter und gehört zu einem Wesen mit glockenförmigem Schädel, schrägen Augenhöhlen und bizarrem Erscheinungsbild. Der Knirps wurde 2003 nahe der chilenischen Ortschaft Iquique bei La Noria in einem verschnürten Leinensack entdeckt. Als Finder wird Oscar Muñoz genannt. Eigentümer der Mumie ist gegenwärtig der spanische Geschäftsmann Ramón Navia-Osorio.

Im Frühjahr 2005 wurde das „Gnom-Skelett" in Berlin erstmals der Öffentlichkeit präsentiert. Besucher der Ausstellung „Unsolved Mysteries" konnten das Objekt im Original bestaunen. Mediziner erklärten, dass seine Körpergröße etwa einem Embryo im 5. Monat seiner Entwicklung entspricht. Doch die untypische Ausbildung des Gesichtsschädels passt nicht ins Schema eines missgebildeten Frühchens. Anatomen verweisen auf die merkwürdige Schädelform und auf den Umstand, dass keine Fontanellen (Knochenlücken) am Schädeldach erkennbar sind. Insgesamt wirkt das Skelett für seine Größe zu ausgereift. Neugeborene messen üblicherweise um die 50 Zentimeter. Und wenn wir den kleinsten Menschen der Welt, Chandra Bahadur Dangi aus Nepal, als Vergleich heranziehen, dann kommt dieser auf 54,6 Zentimeter. Das „Heinzelmännchen“ aus der Wüste passt nicht ins Schema. Das rief 2013 den Amerikaner Steven M. Greer auf den Plan, der behauptete, der „Atacama-Humanoid“ sei außerirdischer Herkunft.

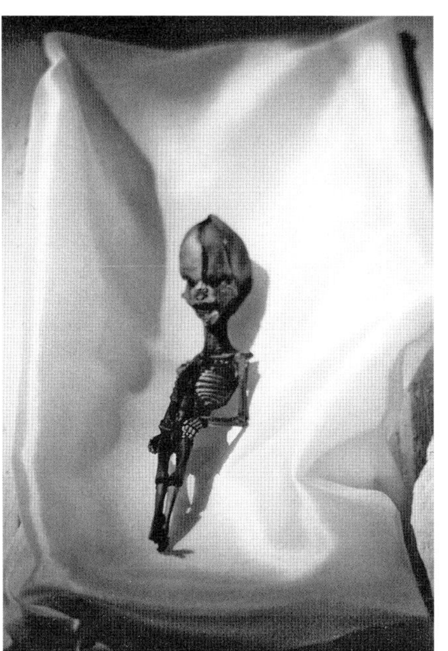

Kein Außerirdischer, dennoch authentisch: 14-cm-Skelett aus Chile

Inzwischen wurden von den Knochen DNA-Proben entnommen und analysiert. Dabei kam der Mikrobiologe Garry Nolan von der „Stanford University“ in Kalifornien zu dem Ergebnis, dass die Mumie zweifelsfrei zu einem menschlichen Kind gehört, das mit etwa acht Jahren verstarb. Die extreme Form des Minderwuchses und die körperlichen Fehlbildungen ergäben „ein interessantes medizinisches Rätsel eines unglücklichen Menschen mit einer Serie von Geburtsfehlern“. Ralph Lachman, ebenfalls Professor in Stanford, ist einer der führenden Experten für Skelettfehlbildungen. Er kommt ebenfalls zu dem Schluss, dass die Mumie ein Mensch war, er könne aber keine überzeugende Erklärung für das Gesamtbild der Anomalien liefern. Neben dem extremen Zwergwuchs lägen noch mehrere Deformationen im Kopfbereich vor. Außerdem habe das Skelett nur zehn Rippen, während Menschen gewöhnlich zwölf besitzen.

Die Mumie ist also kein gefälschtes Kunstprodukt und schon gar nicht ein „Männchen aus dem All“, so viel steht fest. Doch auch als Lebensform irdischer Natur bleibt der „Atacama-Humanoid“ äußerst rätselhaft. Welche Schlüsse dürfen wir aus den Überlieferungen der indigenen Bevölkerung Chiles ziehen? Ihre Mythen wissen von einem kleinwüchsigen Volk, das in der Atacama-Wüste lebte, bevor die Spanier ins Land kamen. Könnte der Skelettfund ein Zeugnis dafür sein, dass koboldartige Wesen aus der „Anderswelt“ tatsächlich existieren oder zumindest gelebt haben?

Und im Alpenvorland? Sagen über Zwerge und Kobolde gibt es haufenweise, aber es sind keine Knochenfunde bekannt, die mit der Vorstellung kleinwüchsiger Erdstall-Bewohner verknüpft werden könnten. Eine Spur gibt es aber vielleicht doch. Der Göttweiger Benediktinerpater Lambert Karner machte 1887 in einem seiner Forschungsberichte auf etwas Interessantes aufmerksam, wenn er feststellt:

„Merkwürdigerweise habe ich in den Hunderten Kammern noch keine entscheidenden Funde gemacht, wenngleich mir wiederholt von Skeletten, die

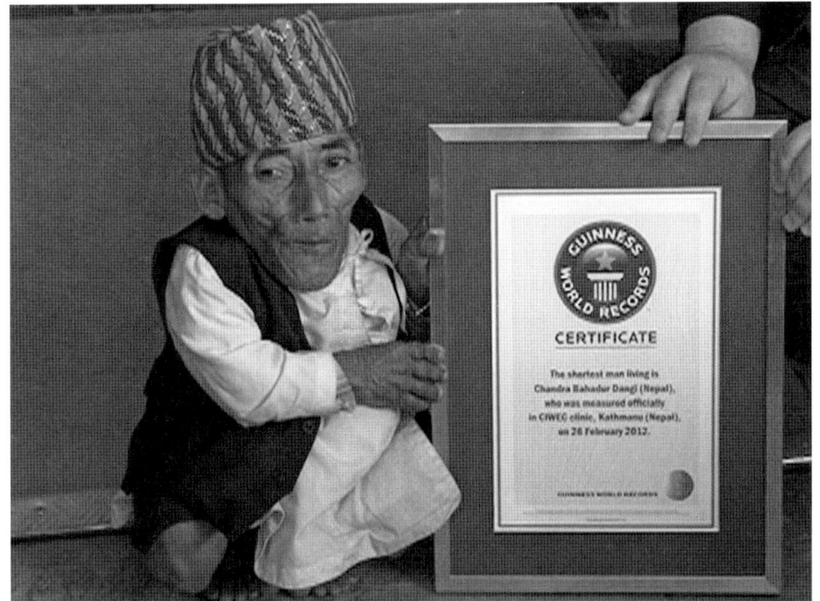

Neugeborene messen üblicherweise 50 Zentimeter. Und wenn wir den kleinsten Menschen der Welt, Chandra Bahadur Dangi (1939–2015) aus Nepal, als Vergleich heranziehen, dann kam dieser auf 54,6 Zentimeter.

darin gelegen sein sollten, gesagt wurde, und in Mähren und in Röschitz Sagen gehen, dass in denselben Greise gehaust hätten, die, als man sie anrührte, zu Staub zerfielen."

Hat es diese sagenhaften Skelette wirklich gegeben? Wenn ja, wohin sind sie verschwunden? Sind sie bloß Erinnerungen an Vorfahren, die der Glaubensvorstellung nach in den Erdställen gehaust haben? Spielt der Gedanke an Erd- oder Hausgeister eine besondere Rolle? Wieso weisen einige Erdställe Blockadesteine sowie Reste von Türen oder Riegeln auf, wie beispielsweise der Erdstall in Peiß (Gemeinde Aying in Oberbayern)? Wozu gibt es Vorrichtungen, die ein Verschließen der Unterwelt nur von außen ermöglichen? Wurden die wirren Gänge deshalb angelegt, damit Spukgestalten fern der eigenen vier Wände tunlichst in ihrer verborgenen „Wohnstätte" bleiben?

Minimale Funde und strittige Datierungen

Artefakte, die über den möglichen Verwendungszweck der Erdställe Auskunft geben können, sind rar und eine gesicherte Datierung problematisch. Gravuren an den Wänden beschränken sich meist auf Namen oder Jahreszahlen. In einem Erdstall in Kleinweikersdorf (Gemeinde Nappersdorf-Kammersdorf, Bezirk Hollabrunn) in Niederösterreich sind Namen von Zwettler Priestern aus dem 15. Jahrhundert in die Wand eingeritzt. Das Grundstück gehörte einst dem Stift. Über den Baubeginn und Zweck sagt dies freilich wenig, denn die Schriften dürften erst später hinzugefügt worden sein. Gleiches gilt für den Erdstall von Stützenhofen (Gemeinde Drasenhofen, Bezirk Mistelbach), ebenfalls in Niederösterreich. An den Wänden sind mehrere Ritzungen sichtbar, darunter zwei bedrohlich wirkende Strichmännchen mit jeweils einem Krummsäbel in der Hand. Solche Waffen sind erst ab dem 16. Jahrhundert nachgewiesen. Ein Zeitpunkt, zu dem nach heutigem Wissensstand kein Erdstall mehr errichtet wurde.
Bisher sind aus den Gängen nur spärliche Gebrauchsgegenstände ans Tageslicht befördert worden: Holzschemel, Lampen, Mühlsteine, Werkzeuge, Sensen, Münzen, Ringe, Schlacke, Feuersteine, Brandreste, Knochen, Eierschalen, Keramikgefäße und ein Füllhorn an Scherben aus dem Hausrat. Die vielleicht bedeutendsten Artefakte sind spurlos verschollen. Eine Chronik der oberösterreichischen Gemeinde Arnreit im Bezirk Rohrbach nimmt darauf Bezug. Darin heißt es, dass in dem 1889 entdeckten Erdstall Mayrhof Tonscherben mit einem Henkel gefunden worden wären. Die Bruchstücke seien an Pater Lambert Karner übergeben worden, der sie dann im Museum des Stiftes Göttweig aufbewahrt habe. Heute sind die Gegenstände unauffindbar. Karner glaubte in ihnen Teile einer „Opferschale" erkannt zu haben, in der Rauchwerk verbrannt werden konnte.

1889 wurden in einem Erdstall in Oberösterreich Artefakte mit „Sonnenrad"-Motiven gefunden. Ihre Spur verliert sich im Stift Göttweig.

Im 1991 entdeckten Erdstall Mitterschneidhart, Landkreis Kelheim in Niederbayern, fand sich dieser Mühlstein. Was war sein Zweck?

Das Besondere an diesen Gegenständen sind die „Gefäßböden". Es gibt insgesamt nur wenige Funde. Sie zeigen kreisförmige Abbildungen, die der Steirer Heimat- und Burgenforscher Prof. Alfred Höllhuber als „Sonnenräder" interpretierte. Was bisher kaum Beachtung fand: Exakt das gleiche „Radzeichen" existiert als Ritzzeichnung auch an der Wand des Weinviertler Erdstalls in Röschitz, nahe der Grenze zu Tschechien. Die Gemeinde Röschitz liegt 140 Kilometer Luftlinie von Arnreit entfernt. Es muss ein tiefer, noch unverstandener Sinn hinter der gemeinsamen Bildsymbolik stecken. Reichen die Wurzeln weiter zurück in eine dunkle Vergangenheit? Die Symbolik der „Sonnenräder" ist von alters her bekannt und ein beliebtes Motiv bei Felszeichnungen. Eine Anhäufung dieser geometrischen Muster findet sich auch auf Felswänden in der Kienbachklamm (Wolfgangtal) und auf der Wurzeralm (Spital am Pyhrn). Beide Felsbild-Stationen liegen in Oberösterreich. Mögliche Verbindungen zu Erdstall-Mustern und Felsbildern sind bislang noch nicht untersucht worden. Könnte es unentdeckte Zusammenhänge geben?

Über das Alter der Erdställe wird schon lange diskutiert. Als die systematische Erforschung im 19. Jahrhundert ihren Anfang nahm, dachten vie-

le Gelehrte, die Gänge wären nicht älter als 200 Jahre. Andere wiederum glaubten, dass sie aus prähistorischer Zeit stammten. Der Pionier der Erdstall-Forschung, Pater Lambert Karner, fasste 1903 die Ergebnisse seiner langjährigen Studien in dem prachtvoll gestalteten Band „Künstliche Höhlen aus alter Zeit“ zusammen. Es ist noch immer ein Standardwerk für Heimatforscher und Erdstall-Sucher.
Nur bei der zeitlichen Zuordnung gibt es einen Disput. Der „Höhlenpfarrer“ behauptete, dass die von ihm erforschten Erdställe in „vorchristlicher oder wenigstens zu Beginn der historischen Zeit“ angelegt worden seien. Karner berief sich dabei auf römische Dichter und Historiker wie Ovid, Tacitus und Plinius, die in ihren frühen Schriften von Menschen genutzte Höhlen im „alten Germanien“ erwähnten. Wenn damit wirklich die Erdställe gemeint waren, müssten die unterirdischen Anlagen tatsächlich bereits in der Antike oder noch früher entstanden sein.
Die moderne Erdstall-Community ignoriert diese Hinweise und geht davon aus, dass die ältesten künstlichen Tunnel erst um 1000 n. Chr. angelegt wurden. Ihre Blütezeit wird für das Hochmittelalter angenommen, um 1400 scheint das Interesse an dieser kuriosen Bautechnik wieder verschwunden zu sein. Dieser Zeithorizont wird durch Holzkohlereste gestützt, die in verschiedenen Erdställen und zugehörigen Bauhilfsschächten gefunden wurden. Es sind nicht viele, aber die wenigen bekannten Prüfungen mittels Radiokohlenstoffmethode (C-14-Methode) datieren die Funde ins Mittelalter. Dennoch bleiben Unsicherheiten: Wie aussagekräftig sind die Analysen für das Gesamtphänomen Aberhunderter Erdställe? Belegen die Zeugnisse tatsächlich das unmittelbare Entstehungsalter oder könnten sie nicht ebenso gut erst zu späteren Zeiten im Zuge von „Nachnutzung“ in die Anlagen gelangt sein? Und wie steht es um das Alter der Rundgang-Erdställe? Dieser Erdstall-Typ kommt in Niederösterreich und in Frankreich vor, dazwischen liegen tausend Kilometer Luftlinie. Grundrisse und Architektur sind in beiden Regionen baugleich. Die Entstehung der Wald- und Weinviertler Gangsysteme wird wie erwähnt im Mittelalter angenommen. Französische Archäologen sind aber sicher, dass die „Souterrains“ – so bezeichnen sie ihre Erdställe mit typischen Schlupflöchern und Kammern – zweifelsfrei aus der Vorzeit stammen. Entweder haben beide Erdstall-Formen trotz bautechnischer Gemeinsamkeiten nichts miteinander zu tun und sind jeweils zu unterschiedlichen Zeiten entstanden, oder es stimmt mit der Altersdatierung etwas nicht. Ist die Erdstall-Forschung in der Sackgasse?

Steirische Hochtechnologie in der Steinzeit?

Das Erdstall-Rätsel wirft viele Fragen auf. In den vergangenen Jahren wurden in der Nordoststeiermark – in der Region Vorau, Pöllau und Stubenberg – nahezu 800 unterirdische Anlagen entdeckt, die Altertumsforscher staunen lassen. Manche der künstlichen Höhlen sind mehrere Hundert Meter lang und verwinkelt, alle von unterschiedlicher Bauweise – einmal direkt in den Fels gehauen, gegraben oder mit Steinen gemauert. Einige sind mannshoch, andere nur kriechend zu erkunden. Viele Gänge waren bis zu ihrer Freilegung mit Steinen und Erdreich verschlossen. Die Versiegelung dürfte im 16. Jahrhundert erfolgt sein. Die Gründe dafür sind noch nicht geklärt. Erst ein Bruchteil des Tunnelnetzes ist wissenschaftlich erforscht, weitere Geheimgänge werden noch unter dem Erdreich vermutet.

Der Prähistoriker und Lehrbeauftragte der Universität Graz, Dr. Heinrich Kusch, hat sich jahrelang intensiv mit dem archäologischen Wunderwerk seiner Heimat beschäftigt. Was er gemeinsam mit seiner Frau Ingrid, einer Anthropologin und Höhlenforscherin, sowie weiteren Wissenschaftlern herausgefunden hat, wirft alles über den Haufen, was wir über unsere Urahnen zu wissen glaubten. Mittels Lasertechnik, Teilchenbeschleuniger und Rasterelektronenmikroskop sind Felsabschnitte genauer untersucht worden.

Die Entdeckungen des Grazer Archäologen Dr. Heinrich Kusch werfen ein neues Licht auf unsere rätselhafte Vergangenheit.

Starke Industriemagnete registrierten in den uralten Höhlenwänden Metallspuren nicht natürlichen Ursprungs. Mit welcher Werkzeugtechnik wurden die Gänge errichtet?

„Die Ergebnisse übertrafen alles, was wir erwartet hatten", erklärt Professor Kusch fassungslos. Die Gänge seien viel älter als bisher angenommen. Vermutlich seien die meisten kurz nach der letzten Eiszeit vor etwa 12 500 bis 10 000 Jahren entstanden! Damit würden die Gangsysteme selbst das Alter der Megalithkulturen (in Westeuropa um 4800 bis 2800 v. Chr.) weit übertreffen. Eigentlich ein Ding der Unmöglichkeit. Verständlich, dass Vertreter der klassischen Archäologie bei der Bestätigung dieser Datierungen ihre Mühe haben. Kritiker vermuten deshalb, dass die Stollen lediglich als Wassergänge, Sandabbaue und bergmännische Anlagen im Mittelalter oder in der Neuzeit entstanden sind.

Untersuchungen im Streblgang in Puchegg mittels Lasertechnik, Teilchenbeschleuniger und Rasterelektronenmikroskop

Heinrich Kusch und sein Team bestreiten nicht, dass es in der Steiermark Gänge gibt, die „aus dem Mittelalter" stammen und „nachträglich vergrößert" wurden. „Doch die tiefer liegenden Bereiche sind mit einer anderen Technik in den oft felsigen Untergrund getrieben worden", zeigt sich der Prähistoriker verblüfft. „Sie sind viel glatter und feiner gearbeitet als die mittelalterlichen Stollen, fast wie mit einem Messer aus dem Berg geschnitten."

Es klingt unglaublich und wird noch verrückter: Einige Stollen wie der Streblgang in Puchegg müssen unter enormer Hitze entstanden sein, denn sie zeigen an den Wänden verglaste Werkzeugspuren. Mit starken Industriemagneten entdeckte das Kusch-Team einen „zusammengerollten Eisenspan", der bei der damaligen Arbeit vom verflüssigten Stein eingehüllt worden war. „Dies ist auch der Grund", betont Höhlenforscher Kusch, „warum der Eisenspan überhaupt noch erhalten geblieben ist, also konserviert wurde. Andernfalls hätte er sich schon längst zersetzt." Für Kusch ist das Partikel der Beleg dafür, dass es „an der Werkzeugspitze eine Temperatur von weit über 1200 Grad Celsius gegeben haben muss, die das Augengneis-Gestein einst verflüssigt hat".

Das passt zur futuristischen Lasertechnologie aus dem *Star-Wars*-Universum, aber nicht in die raue Steinzeit. Für Skeptiker kann der Eisenfund deshalb nur natürlichen Ursprungs sein. Doch dem widerspricht der Wissenschaftler nachdrücklich: „Es ist Eisen, das künstlich hergestellt worden ist – von wem und wann auch immer." Mikrosondenanalysen hätten ergeben, dass es sich bei dem Metallpartikel um Erz handelt, das im untersuchten Gestein nicht vorkommt.

Gemauerter Erdstall

Streblgang in Puchegg in der Steiermark

Die erste Erdstall-Besichtigung des Autors in Bad Zell 1997

2015 entdeckten Archäologen mitten in Wien einen Erdstall.

Außergewöhnlich: Erdstall-Einstiegsluke im Gotteshaus von Kleinzwettl

Erdstall in der Steiermark: Die Bauweise gleicht Megalithanlagen in Frankreich und Großbritannien. Sind manche Erdställe doch älter als gedacht?

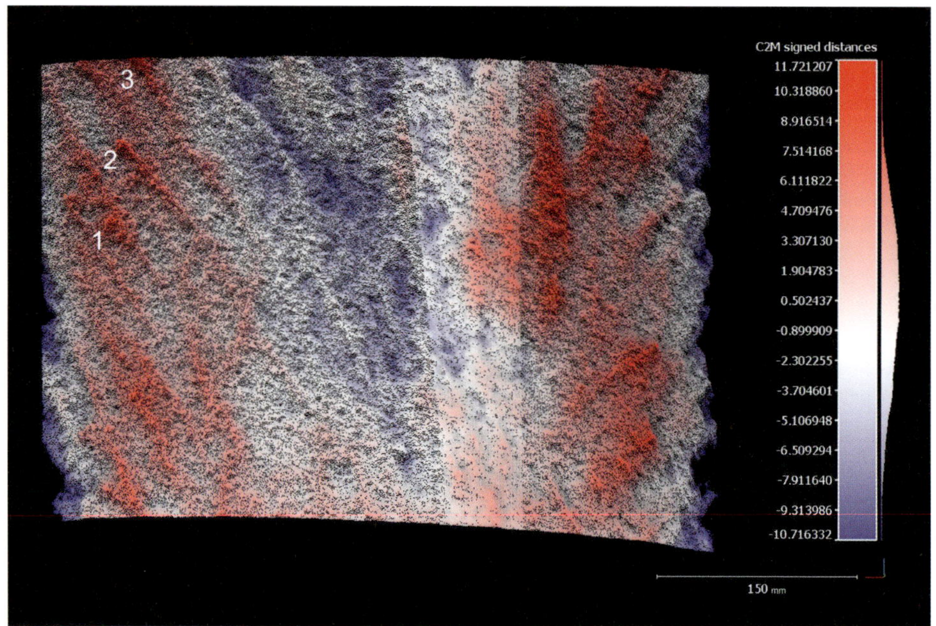

Gescannter Deckenteilausschnitt des Streblganges bei Puchegg: Die Messdaten dokumentieren, wie perfekt die Tunnel einst aus dem Gestein gefräst wurden.

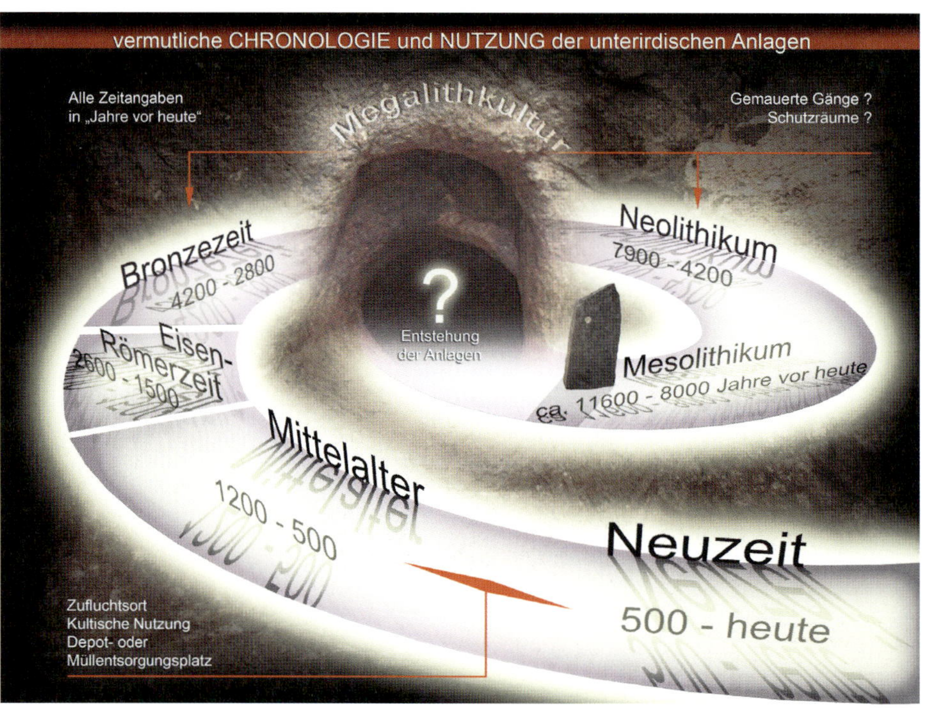

Zeittafel: Über Jahrtausende wurden unterirdische Tunnelsysteme unterschiedlich genutzt.

Groteske Keramikfiguren aus der Kollektion von Dr. Cabrera in Peru

Wunderwesen als Chirurg

Ica-Stein mit Darstellung einer Operation

Riesige menschliche Fußabdrücke neben Saurierfährten in der gleichen geologischen Schicht: gefälschte Schöpfung von Menschenhand oder paradoxe Evolution?

100 Millionen Jahre alte Früchte und Obst in Stein

Saurierartige „Schlangendrachen", dargestellt auf einem 6000 Jahre alten sumerischen Rollsiegel. Das Original ist im Louvre ausgestellt.

Acámbaro-Dinos

Restbestände aus Pater Crespis Vermächtnis

Man kann die Unmöglichkeit vielleicht als Fehldeutung oder geologische Kuriosität abtun, wären da nicht weitere unfassbare Entdeckungen, die auf den Einsatz maschineller Arbeitsgeräte schließen lassen. Im erwähnten Streblgang wurden mittels Präzisions-Laserscanner gleichmäßige Frässpuren festgestellt und nicht, wie man hätte annehmen können, Schlagmerkmale von Meißelwerkzeugen. Im Wand- und Deckenbereich müssten nach den Analysen von Kusch viel gröbere Bearbeitungsspuren erkennbar sein, doch die Abweichungen zwischen Wand- und Deckenbereich bewegen sich im Millimeterbereich. „Eine derartige Präzision ist bei einer von Hand durchgeführten Arbeit unmöglich", konstatiert der Prähistoriker. Selbst modernste Maschinen hätten Mühe, solche Ergebnisse zu erzielen.

Rasterelektronenmikroskopaufnahme vom mit verflüssigtem Gestein überzogenen Eisenspan, der im Streblgang bei Puchegg entdeckt wurde.

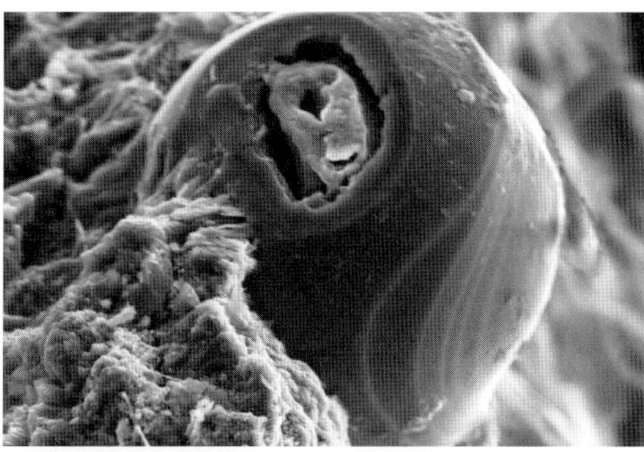

Grubengang bei Pongratzen. Der Deckstein wurde vor über 10 000 Jahren verbaut.

Es gibt auch Gänge, die nicht gefräst, sondern mit Trockenmauern aus schweren Steinen gestützt werden. Warum unsere Vorfahren sich die enorme Arbeit gemacht haben, Hunderte Tonnen Steinmaterial aufwendig unter der Erdoberfläche zu verbauen, bleibt ein ewiges Rätsel. Auch hier hält Heinrich Kusch den Einsatz maschineller Hilfsmittel für möglich. Das Unfassbare ist wiederum der Zeitpunkt, zu dem die Anlagen entstanden sein sollen. Renommierte Wissenschaftler der Karl-Franzens-Universität in Graz und der US-amerikanischen „Purdue-Universität" konnten mittels chemisch-physikalischer TCN-Messmethode (*Terrestrial Cosmogenic Nuclides*) das schier unglaubliche Alter erneut bestätigen. Bei quarzhaltigem Gestein kann mit diesem Verfahren festgestellt werden, wann die vom Menschen bearbeitete Steinoberfläche erstmals dem Sonnenlicht ausgesetzt worden ist – sowie wann das Material unter Tage gebracht wurde. Auf diese Weise untersuchte man Decksteine, darunter eine Platte des steiermärkischen Grubenganges bei Pongratzen. Das Resultat: Besagtes Stück muss vor zehn- bis elftausend Jahren verbaut worden sein. „Das alles klingt fantastisch, märchenhaft, fast unglaubwürdig", gibt Heinrich Kusch freimütig zu, erkennt aber „ganz eindeutig einen Zusammenhang dieser erst ansatzweise erforschten Gangsysteme mit dem Phänomen der Erdställe, die in ganz Europa, von Frankreich bis nach Tschechien und weiter in den Osten, zu finden sind, und deren Zweck bis heute ebenso wenig geklärt werden konnte wie die Zeit, in der sie errichtet wurden."

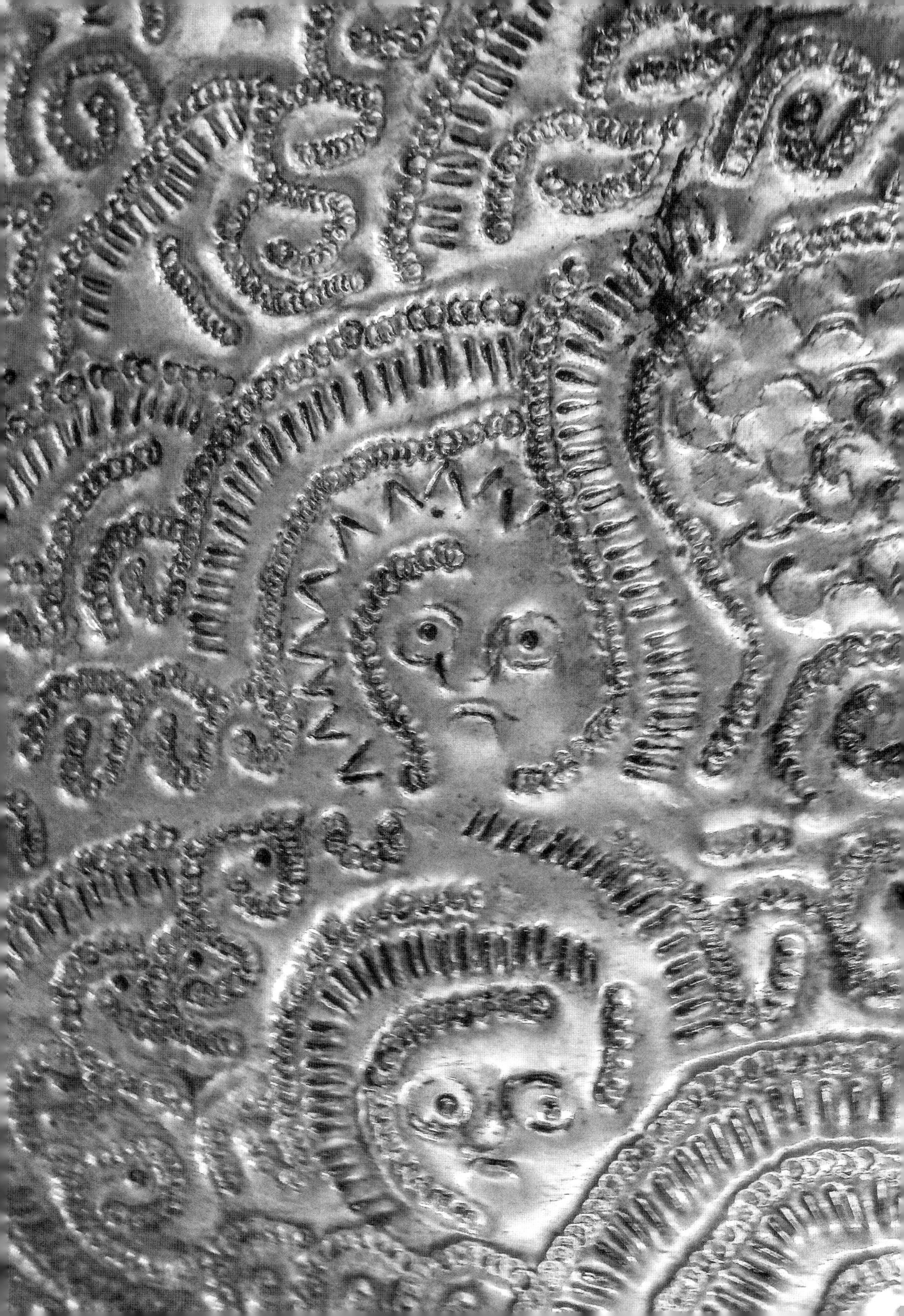

SURREALE SCHÄTZE

Die Steine von Ica, Dinofiguren aus Acámbaro und Pater Crespis Wunderkammer

Am liebsten erinnere ich mich an die Zukunft.
Salvador Dalí (1904–1989), span. surrealistischer Maler

Die Wunderwelt des Dr. Cabrera

Südamerika: Etwa 500 Kilometer südlich der peruanischen Hauptstadt Lima liegt das kleine Städtchen Ica. Hier wird eine der ungewöhnlichsten Sammlungen unseres Planeten aufbewahrt – die „Bibliothek von Ica". Sie besteht aus Abertausenden gravierten Steinen und weniger bekannten Keramikfiguren. Die Unikate sollen aus der Urzeit stammen. Die Motive sind absurd: Landkarten unbekannter Kontinente, utopische Inseln, Menschen mit Teleskopen, urzeitliche Monster, Menschen auf Dinosauriern reitend sowie komplizierte chirurgische Eingriffe wie Herzoperationen.

Liebte Saurier, Skulpturen und Steine: Sammler Dr. Javier Cabrera

Die fantastische und höchst umstrittene Kollektion hat der mittlerweile verstorbene Arzt Dr. Javier Cabrera Darquea (1924–2001) angelegt. Sein „Museo de Piedras Grabadas de Ica" („Museum der gravierten Steine von Ica") existiert noch und wird von Familienangehörigen weitergeführt. Einlass wird nach Voranmeldung gewährt. Anlässlich des von mir mitinitiierten Ausstellungsprojektes „Unsolved Mysteries" hatte ich im Februar 2000 Gelegenheit zur „Visite". Als ich vor der Tür zur Privatsammlung stand, wurde ich von einem älteren braungebrannten Herrn in weißem Gewand und mit Krummstab in der Hand freundlich empfangen – Dr. Javier Cabrera. Er führte mich zunächst in sein wunderliches Büro und öffnete dann einen Nebenraum, der mit rund 15 000 gravierten Steinen (ich habe sie nicht wirklich nachgezählt) überfüllt war. Überall lagen in Regalen geschichtet und am Boden übereinander getürmt kaum überschaubare steinalte Zeugen von einprägsamer Originalität. Auf den Steinen, manche bis zu 200 Kilogramm schwer, sind viele seltsame Motive eingraviert, die, so behauptete Cabrera, von einer unbekannten Vor-Zivilisation hinterlassen worden sind. In vorsintflutlichen Zeiten sei, so Cabrera, diese vergessene Kultur in Nazca angesiedelt gewesen.

Diese Region liegt hundert Kilometer Luftlinie südlich von Ica und besitzt auf einer Fläche von 500 Quadratkilometern ein einzigartiges Weltwunder: gigantische Scharrbilder und kilometerlange Linien, die in ihren enormen Dimensionen vom Boden aus nicht erkennbar sind. Ansatzweise lassen sich einige Muster und Linien von nahe liegenden Hügeln erkennen, doch die meisten Geoglyphen sind wegen ihrer gewaltigen Größe nur aus der Luft mit Flugzeugen oder Helikoptern zu erfassen. Die ältesten Monumentalbilder sollen vor 2800 Jahren im Wüstenboden entstanden sein, die jüngsten um 200 n. Chr. Dr. Cabrera erklärte mir gegenüber, dass es auch ein Scharrbild geben soll, das dem Aussehen nach an einen Dinosaurier erinnert. Ei-

Die Steinesammlung des Dr. Cabrera

nen Beleg dafür, Foto oder Forschungsbericht, blieb mir der Arzt allerdings schuldig.

Dafür sind umso mehr Urzeitriesen in Dr. Cabreras aberwitziger Steingalerie erkennbar. Für den Peruaner waren es Zeugnisse, die beweisen sollten, dass vor Jahrmillionen eine unbekannte Menschenart existierte, die in Koexistenz mit Dinosauriern gelebt haben soll. „Jurassic Park" und „Familie Feuerstein" in Südamerika? Das wäre in der Tat eine ungeheuerliche Sensation. Genauso unglaublich wie die auf Steinen eingeritzten Zeichnungen komplizierter medizinischer Eingriffe. Dr. Cabrera beteuerte, dass die regelwidrigen Funde aus ausgetrockneten Flussbetten stammten und aus (von ihm geheim gehaltenen) unterirdischen Gängen.

Der Anlass zum Aufbau seiner Steinkollektion war der 13. Mai 1966. „Es war mein Namenstag, darum merkte ich mir das Datum", verriet mir der alte Mann. „Ein Fotograf schenkte mir damals einen gravierten Stein mit einer Fischfigur. Ich spürte, dass er von großer Wichtigkeit war, dass die Zeichen auf ihm weit über die Bedeutung einer bloßen Zeichnung hinausreichten."

Musterbeispiele aus der „Steinbibliothek von Ica“

Nachdem mir Dr. Cabrera seine wunderlichen Steinrelikte gezeigt und ausführlich bis zu den Schuppen der Dinosaurier erklärt hatte, führte er mich ins Nebengebäude zu einem weiteren Archiv, das für die Öffentlichkeit zumindest damals nicht zugänglich war. Als ich den „geheimen Raum“ betrat, stand ich in einem dunklen schlauchartigen Korridor mit bis zur Decke reichenden Regalen, die mit Tausenden von absonderlichen Tonfiguren angefüllt waren. Im Wesentlichen zeigten die Relikte die gleichen Motive wie die Steine: Saurier als „Haustiere“ von Vorzeitmenschen, Fabelwesen, Menschen, die auf ihnen ritten, Götterfiguren, Szenen von Transplantationen der Niere und des Herzens, Behandlungen von Brustkrebserkrankungen und andere medizinische Operationen. Das Gesehene wirkte befremdlich. Der Vergleich mit einem Gruselkabinett hätte noch am besten gepasst. Und ich fragte mich: Sind das alles Fälschungen? Aber wer fälscht eine solche Unmenge, ohne etwas damit bewirken zu können?

Kurios: Dinosaurier als Reittier. Viele Keramiken zeigen – analog zu den Motiven auf den Steinen – medizinische Eingriffe und saurierähnliche Kreaturen.

Rätsel um echte Ica-Steine

Natürlich sind berechtigte Zweifel an der Echtheit der Ica-Artefakte gegeben, im Besonderen bei den Steinen. Nicht nur, weil Cabrera Mediziner war und daher wusste, wie man chirurgische Eingriffe bildlich und plastisch nachstellen könnte. Auch weil es schon seit Jahren Nachweise gibt, dass viele der Steine nicht alt sind. Analysen durch Mikrofotografie offenbarten 1998 bei manchen „Cabrera-Objekten" moderne Farbpartikel und Poliermittel. Ich selbst habe gesehen, dass Touristen zuliebe heute ganz offiziell Ica-Steine mit Nazca-Motiven hergestellt und in verschiedenen Museen und Souvenirshops zum Kauf angeboten werden. Für den Großteil der Exponate kann daher gesichert angenommen werden, dass sie moderne Nachbildungen sind. Aber gilt das zwingend für alle Stücke aus dem Museum?
Es würde mich nicht wundern, wenn sich trotz berechtigter Zweifel in der Sammlung von Dr. Cabrera authentische Exponate befänden. Hinweise dazu geben die Funde des spanischen Forscherduos Maria del Carmen Olazar Benguria und Felix Arenas Mariscal. 2002 kamen bei ihrer Grabung in Ocucaje, einem Wüstenplatz zwischen Nazca und Ica, bislang unbekannte Relikte zum Vorschein: fünf gravierte Ica-Steine, wobei einer in einem zersetzten Tuch eingewickelt war. Die Utensilien wurden von Spezialisten der „Universidad Autonoma de Madrid" (UAM) untersucht. Die Ergebnisse erstaunen: Das Textilstück dürfte um 650 n. Chr. gewoben worden sein, wie Untersuchungen mit der C14-Methode ergaben. Was noch mehr verblüfft: Die Karbonatablagerungen auf den Boden- und Gesteinsproben waren gemäß Thermolumineszenz-Analyse bis zu 99 240 Jahre alt. Trotz

Artefakte aus der Steinbibliothek von Ica

Im Anthropologischen Museum von Lima sind Keramiken zu sehen, die Operationen darstellen. Anders als bei den Cabrera-Stücken wird an ihrem präkolumbischen Ursprung nicht gezweifelt.

eingeräumter Abweichungen von 5000 bis 8000 Jahren eine unerwartet hohe Datierung. Wer soll die Steine damals im offiziell von Menschen noch unbewohnten Amerika angefertigt haben? Die Echtheit der gravierten Funde ist erwiesen, allerdings zeigen sie keine Saurier oder versunkene Länder, sondern geometrische Zeichen, Menschen und Tierdarstellungen.

Mein Verdacht: Irgendwann einmal dürfte Dr. Cabrera damit begonnen haben, Steine fälschen zu lassen, um seine kühnen Theorien zu stützen. Auch wenn die wahren Hintergründe über die Steine von Ica rätselhaft bleiben, eines steht leider fest: Durch die Irreführung um die Herkunft der echten und falschen Steine dürfte nun jede Chance vertan worden sein, die wenigen, möglicherweise tatsächlich authentischen Stücke wissenschaftlich zu erforschen. Offiziell gelten heute nämlich alle Exponate als Falsifikat.

Bei den Tonfiguren ist es nicht anders. Es ist aber keineswegs bewiesen, dass sie alle auf Schwindel beruhen. Im staatlichen Anthropologischen Museum von Lima habe ich eine ausgestellte Keramikminiatur fotografiert, die ein gebeugtes Wesen bei einer Operation zeigt. Der Stil erinnert auffallend an die „Cabrera-Stücke". Das Alter reicht zwar nicht zurück in die Dinosaurier-Epoche, aber es gibt keinen Zweifel an dem präkolumbischen Ursprung des Artefakts.

Es bleiben Fragen offen. Eine wissenschaftliche Aufarbeitung, um die Spreu vom Weizen zu trennen, wird von Archäologen nicht forciert. Ob man die Echtheit der gesamten Kollektion anzweifelt oder nicht, eines ist unbestritten: Zu Lebzeiten war Dr. Javier Cabrera im wahrsten Sinne des Wortes ein steinreicher Mann. Die wahren Hintergründe und das letzte Geheimnis rund um sein Vermächtnis nahm der Peruaner 2001 mit in sein Grab.

Koexistenz zwischen Saurier und Mensch?

Bis zum Ende der Kreidezeit war die Erde von Riesenechsen bewohnt. Ihre Körper hatten mit einer Länge von bis zu 40 Metern und 100 Tonnen Gewicht gewaltige Ausmaße. Mehr als über 170 Millionen Jahre lang waren die Urzeitgiganten die absoluten Alleinherrscher, bis sie – mutmaßlich infolge eines Asteroideneinschlages und drastischer klimatischer Veränderungen – ausgestorben sind. Das geschah unserem Wissensstand nach vor 65 Millionen Jahren.

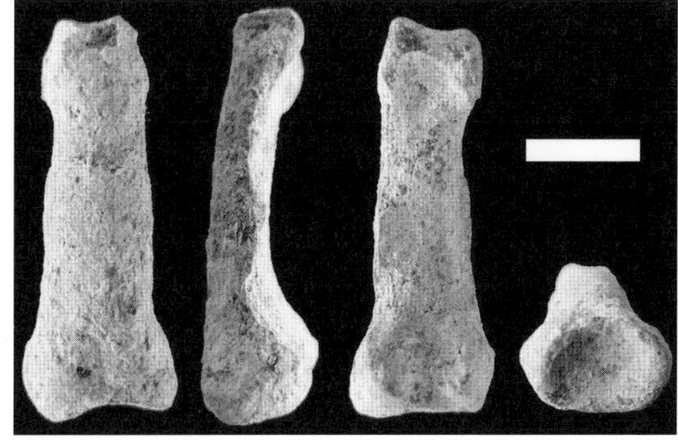

Fingerknochen einer bislang unbekannten Menschenart, die vor etwa zwei Millionen Jahren in Tansania lebte. Der Fingerknochen dieser Spezies ist überraschend „modern".

Das Auftreten erster menschenartiger Geschöpfe gleicht dagegen einer erdgeschichtlichen Randnotiz. Die Anthropologen streiten noch über die Frage, wann genau und durch welche Impulse der Affe zum Menschen wurde. Als älteste Arten der Gattung *Homo* gelten der *Homo rudolfensis* und der *Homo habilis*. Sie lebten vor rund 2,5 bis 1,5 Millionen Jahren. Geht man weiter zurück in die Vergangenheit, tauchen die ersten menschlichen Vorläufer, primitive Primaten, vor vier bis sechs Millionen Jahren auf. Der moderne Jetztmensch – der *Homo sapiens* –, die selbsternannte „Krone der Schöpfung", die alle anderen Mitbewerber verdrängte und bisher als einzige Homo-Art überlebt hat, existiert erst seit rund 200 000 Jahren.

Paläontologen stoßen jedoch immer wieder überraschend auf Überreste unbekannter Spezies, die den vertrauten Stammbaum und das Zeitgefüge durcheinanderwirbeln. Zuletzt in Ostafrika im Sommer 2015, als in der Olduvai-Schlucht (Republik Tansania) ein 1,84 Millionen Jahre alter Fingerknochen entdeckt wurde, der zu keinem damals lebenden Urmenschen passt. Er ist viel zu „modern", und könnte am ehesten noch zum Typ *Homo erectus* passen, was aber zeitlich und räumlich unwahrscheinlich wäre. Die These lautet daher, dass der Fingerknochen möglicherweise von einer bislang fremden Menschenart stammt, die dem modernen *Homo sapiens* bereits erstaunlich ähnlich war.

Selbst wenn man einräumt, der moderne Mensch könnte viel älter sein als gedacht, liegen zwischen Saurierepoche und dem Auftreten erster Menschen viele Jahrmillionen. Eine Koexistenz zwischen Dinos und Menschen wird deshalb von Anthropologen als „unmöglich" betrachtet. Wie aber erklären sich dann ignorierte Zeugnisse, die das vertraute Weltbild auf den Kopf stellen?

Eine Auswahl der Urzeit-Kuriositäten:

ARTEFAKTE IN KOHLE EINGEBETTET

1912 fand man diesen Eisenbecher aus Kohlebrocken, der Abermillionen Jahre alt ist. Wann und wie gelangte das Artefakt hinein?

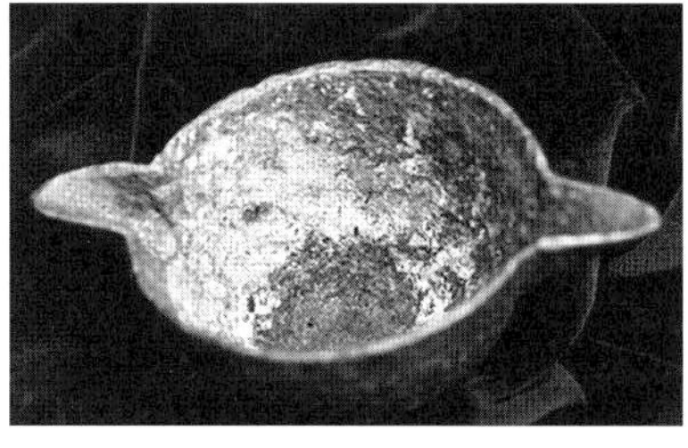

Seit dem 19. Jahrhundert ist eine ganze Reihe archäologischer Funde belegt, die bei ihrer Entdeckung in bis zu 70 Millionen Jahre alten Kohleschichten eingebettet lagen. Darunter ein eiserner Fingerhut (1880, Colorado, USA), ein rostiger Eisennagel (1844, Dundee, Schottland), ein künstlich hergestellter Goldfaden (1844, Rutherford-Mills, England) oder ein eiserner Becher (1912, Sulphur Springs, Arkansas, USA), den der Arbeiter Frank Kennard in einem Kohlebrocken fand. Das Geschehen ist durch ein eidesstattliches Dokument des Finders beglaubigt.

SCHUHABDRUCK MIT TRILOBIT

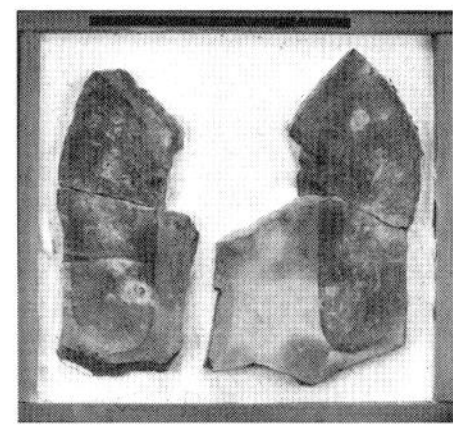

1968 fand das Ehepaar Mabel und William J. Meister im US-Bundesstaat Utah einen versteinerten Schuhsohlenabdruck. Auf ihm hat sich ein zertretener Trilobit verewigt. Diese urweltlichen Krebstiere starben mit Beginn der Dinosaurierära vor etwa 230 Millionen Jahren aus. Folglich müsste der Abdruck älter als dieses Datum sein.

Oben: fossiler Schuhabdruck mit zertretenem Trilobit
Rechts: versteinerter Finger aus der Dinosaurier-Ära

FOSSILISIERTER FINGER AUS DER KREIDEZEIT

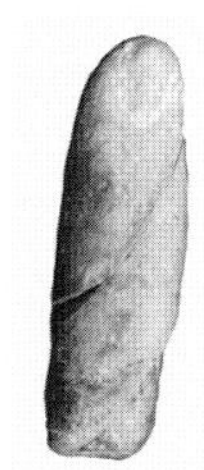

Aus Glen Rose in Texas, USA, stammt der Fund eines versteinerten Riesenfingers mit erhaltenem Fingernagel. Das Röntgenbild zeigt im Vergleich zu den Fingern heute lebender Personen – von 20 Prozent mehr Größe abgesehen – keinen Unterschied.

URZEITLICHE HÄNDE IN EINER STEINPLATTE

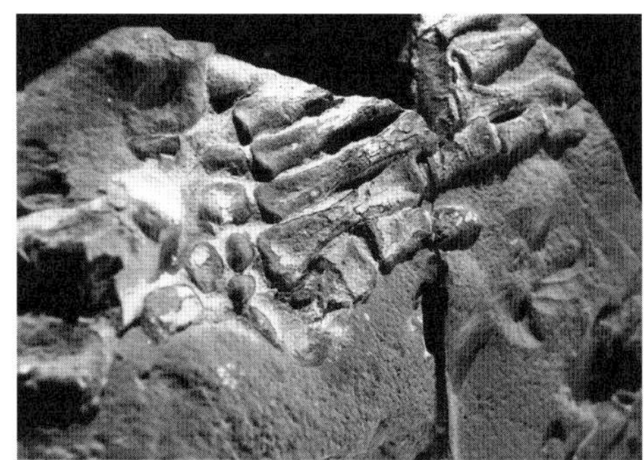

Nahe Bogotá in Kolumbien wurden in den 1990er-Jahren Knochenfragmente entdeckt, die mit geologischen Gesteinsschichten verschmolzen sind, die 100 bis 130 Millionen Jahre alt sind. Die Fossilien erinnern an die Anatomie menschlicher Hände.

Menschenähnliche Handknochen in einer mindestens 100 Millionen Jahre alten Steinplatte aus Kolumbien

VERSTEINERTE FRÜCHTE

Das Kloster „del Santo Ecce Homo", ebenfalls in Kolumbien, beherbergt in der Region aufgefundene prähistorische Fossilienreste von Pflanzen. Spanische Mönche setzten sie beim Bau des Klosters im Jahre 1620 als Dekoration in den Fußboden ein. Darunter sind Versteinerungen von Kakao, Ananas, Avocados sowie anderer Früchte und Gemüsesorten. 100 Millionen Jahre sollen sie alt sein. Wer aber hätte die Pflanzen zu einer Zeit, als die Dinosaurier die Welt beherrschten, kultivieren können?

100 Millionen Jahre alte Früchte und Obst in Stein

SAURIER- UND MENSCHENSPUREN

An verschiedenen Orten der Welt wurden Fußabdrücke im Stein gefunden, die offenbar von Menschen stammen. Was irritiert: Sie liegen in geologischen Schichten der Kreidezeit und befinden sich gelegentlich direkt neben den Trittsiegeln von Dinosauriern. Die bekanntesten Beispiele sind die Abdrücke aus Glen Rose in Texas, die der Geologe Dr. Cecil N. Dougherty in den 1960er-Jahren dokumentierte.

Wie sind solche Funde, die nicht ins gängige Weltbild passen, zu beurteilen? Launen der Natur? Fehlinterpretationen? Sind die Altersdatierungen unrichtig? Oder haben womöglich Kreationisten, die die Evolutionstheorie ablehnen und auf einer wörtlichen Auslegung der biblischen Schöpfungslehre beharren, alles gefälscht? Irrtümer sind nicht ausgeschlossen. Bevor aber die strittigen Unmöglichkeiten nicht wissenschaftlich untersucht und beweiskräftig als „Unfug" entlarvt worden sind, bleiben sie weiterhin ungeklärte Rätsel der Menschheitsgeschichte!

Riesige menschliche Fußabdrücke neben Saurier-Fährten in der gleichen geologischen Schicht. Gefälschte Schöpfung? Paradoxe Evolution? Laune der Natur?

Dino-Mensch-Spuren aus jüngerer Zeit

Wie Dinosaurier tatsächlich ausgesehen haben, wurde erst allmählich im 19. Jahrhundert deutlich. Wieso aber existieren dann zahlreiche Kunstwerke von der Antike bis hinein in die Neuzeit, die recht genau urzeitliche Riesenechsen darstellen? Fabelwesen, Drachenmythen und falsch interpretierte Tierwelt? Durchaus möglich. Andererseits, können wir definitiv ausschließen, dass sich Urzeitviecher und Mensch wirklich nie begegnet sind? Einige Musterbeispiele, die stutzig machen:

Saurierartige „Schlangendrachen", dargestellt auf einem 6000 Jahre alten sumerischen Rollsiegel. Das Original ist im Louvre ausgestellt.

„SCHLANGENHALSPANTHER"-MOTIVE

Mesopotamische und altägyptische Abbilder zeigen saurierähnliche Kreaturen, die „Schlangenhalspanther" oder „Schlangendrache" genannt werden. Sie werden als mythologische Fabelwesen gedeutet. Wenn es Fantasiegebilde sind, warum werden die Monstren dann – etwa am Beispiel der 5000 Jahre alten Narmer-Palette aus Altägypten – auf einigen Abbildern an der Leine gehalten?

SAURIER-PETROGLYPHE IM AMAZONAS

2012 machte der kanadische Forscher Vance Nelson im Regenwald der nordperuanischen Provinz Utcubamba eine sensationelle Entdeckung: Eine Felsmalerei zeigt einen Dinosaurier, der von neun Kriegern attackiert wird. Die Darstellung soll zwischen 900 und 1200 v. Chr. entstanden sein.

Ausschnitt des römischen Palestrina-Mosaiks

RÖMISCHES PALESTRINA-MOSAIK

Im italienischen „Museo Nazionale Prenestino" in Rom liegen Mosaiksegmente aus dem späten 2. Jahrhundert v. Chr. Sie zeigen eine „Nillandschaft" mit vielen Details. Eine Szene sticht heraus: dunkelhäutige Männer, die ein Monstrum bekämpfen, das einem Dinosaurier ähnelt.

DINO-PLASTIK DER ANASAZI

Ein Gefäß, das der Anasazi-Kultur zugeordnet wird, besitzt einen Henkel in Form eines saurierartigen Geschöpfes.

Vase der Anasazi mit Henkel in Gestalt eines Dinosauriers

Anasazi-Felszeichnung im Chaco Canyon. Fabelwesen oder Brontosaurier?

FELSBILDER DES CHACO CANYON

Auf dem Gebiet der amerikanischen Bundesstaaten New Mexico, Colorado, Arizona und Utah liegt das Zentrum der Anasazi-Kultur. Im „Natural Bridges National Monument" haben die Wüstenbewohner zwischen 700 n. Chr. und 1300 n. Chr. eindrucksvolle Felsmalereien hinterlassen. Eine verblüfft besonders: Sie erinnert an das Abbild eines Brontosauriers.

MOCHE-KERAMIK

Die südamerikanische Moche-Kultur (auch Mochica) war vom 1. bis 8. Jahrhundert an der Nordostküste Perus angesiedelt. Sie hinterließ ein fantastisches „keramisches Bilderbuch" mit vielen Motiven urzeitähnlicher Ungeheuer.

Moche-Keramik mit Dino-Motiv

Was wollten uns die Künstler dieser Werke vermitteln? Handelt es sich lediglich um Fabeltiere und blühende Fantasie? Oder verlief unsere Evolution vielleicht doch anders als angenommen?

Mokele-Mbembe: der letzte lebende Saurier?

Es gibt Kryptozoologen, die es durchaus für möglich halten, dass eine unentdeckte Saurierart bis hinein in die Gegenwart überlebt haben könnte. Gemeint ist ausnahmsweise nicht „Nessie", das Ungeheuer von Loch Ness in Schottland, sondern ein rätselhaftes Monstrum, das im schwer zugänglichen Sumpfgebiet von Likouala in der afrikanischen Volksrepublik Kongo mehrfach gesichtet wurde. Es wird von den in der Region ansässigen Pygmäenstämmen und Siedlern aus dem Westen „Mokele-Mbembe" genannt.

Illustration des amerikanischen Künstlers Charles Robert Knight (1874-1953). Wenn man den Berichten aus dem Kongo glaubt, könnte in den Sümpfen eine Saurier-Population überlebt haben.

Augenzeugen berichten, die Kreatur sei ein großes Wassertier, ungefähr neun Meter lang. Der Körper sei rötlich braun, stämmig und von der Größe eines Elefanten, mit relativ kurzen, dicken Beinen, einem langen Schwanz und einem schlanken, langen Hals, der in einem kleinen Kopf endet. Die Fußabdrücke der Riesenechse sollen drei Zehen aufweisen, schwören die Einheimischen. Die Schilderungen erinnern an die Merkmale eines Brontosaurus, also jenes Sauriertyps, der auch auf dem Felsbild der nordamerikanischen Anasazi-Indianer abgebildet ist.

15 Expeditionen, die zwischen 1909 und 2001 nach Zentralafrika aufbrachen, konnten bislang keine überzeugenden Belege für die Existenz des „Kongo-Dinos" finden. Aufgrund der gut dokumentierten Sichtungsberichte halten viele Forscher, so auch der britische Biologe Professor Roy P. Mackal, dennoch an der These fest, wonach es sich bei „Mokele-Mbembe" wahrscheinlich um einen überlebenden Saurier handelt. Weshalb man seiner noch nicht habhaft werden konnte, überrascht nicht weiter, da sein Lebensraum derart unwirtlich ist, dass sogar Bewohner der Gegend diese nach Möglichkeit meiden.

Unser zoologischer Garten ist facettenreicher, als wir glauben. Das beweisen uns wiederentdeckte „lebende Fossilien" wie der Quastenflosser, der Koboldhai, Riesenkraken und andere Urzeitviecher. Berichte über diese seit vielen Jahrmillionen ausgestorben geglaubten „Wunderwesen" wurden oft als „Seemannsgarn" verworfen. Bis überraschend quicklebendige Exemplare aus längst vergangenen Zeiten auftauchten. Fazit: Die Urzeit lebt noch immer!

Die Kreaturen von Acámbaro

Wenn von merkwürdigen Kryptotieren die Rede ist, dann darf eine Kollektion nicht vergessen werden: die Keramikfiguren und Steine aus Acámbaro im zentralmexikanischen Bundesstaat Guanajuato. Die Sammlung ist ähnlich grotesk wie Dr. Cabreras „Urzeitbibliothek". Aber es gibt einen Unterschied: Während die Steine von Ica von Wissenschaftlern als moderne Kunstwerke deklariert werden, sind die Skulpturen von Acámbaro und ihre Fundumstände zumindest genau dokumentiert. Viele Acámbaro-Artefakte haben merkwürdige Menschentypen und dinosaurierähnliche Tiere als Motiv.

Acámbaro-Dinos

Die ersten Stücke entdeckte der eingewanderte Bremer Kaufmann Waldemar Julsrud (1875–1964). Er vermutete, dass die Figuren in alter Zeit in Gruben rituell vergraben wurden. Über 33 000 fremdartige Skulpturen sind in den Jahren 1944 bis 1952 ans Tageslicht befördert worden. Die kulturelle Zuordnung bereitet den Archäologen allerdings Mühe. Vergleicht man die Julsrud-Funde mit Hinterlassenschaften der Chupicuaro-Kultur (650 v. Chr. bis 250 n. Chr.; Exponate befinden sich unter anderem im regionalen „Museo Fray Bernardo Padilla" in Acámbaro), dann sind stilistische Ähnlichkeiten durchaus erkennbar. Was von der klassischen Archäologie aber nicht akzeptiert wird, sind Statuetten, die an Urzeitechsen erinnern. Daher werden die Julsrud-Sücke vage mit „unbekannte Kultur" umschrieben.

Ungeklärte Funde landen oft im Depot. Dem modellierten Urzeitzoo erging es ebenso. Für Jahrzehnte lag er in einer Lagerhalle und blieb so vor den Augen der Öffentlichkeit verborgen. Erst seit der Eröffnung des Julsrud-Museums im Februar 2002 besteht für jedermann die Möglichkeit, die Wunderwelt aus Acámbaro zu bestaunen. Ausgestellt sind rund 1300 Exponate, darunter auch die umstrittenen Dinoskulpturen. Die restliche Krypto-Welt pausiert weiterhin im Kellerarchiv.

Saurier, mythische Drachen oder unbekannte Tierarten? Gab es reale Vorbilder? Wie alt sind die Acámbaro-Figuren wirklich? Die kulturelle Zuordnung bereitet den Archäologen Kopfzerbrechen. 1954 schickte das „Instituto Nacional de Antropologia e Historia" (Nationales Institut für Anthropologie und Geschichte von Mexiko) vier Vertreter an den umstrittenen Fundort. Geleitet wurde das mexikanische Expertenteam vom Prähistoriker Dr. Eduardo Noguera. In einem Bericht wurde vermerkt, dass

Bemalter Keramik-Saurier aus Mexiko

während der Ausgrabungen alles mit rechten Dingen zugegangen sei. Dennoch äußerten sich die Archäologen offiziell kritisch zu den aufgefundenen Gegenständen. Die Schlussfolgerung, dass es zwischen Menschen und Dinosauriern womöglich eine bislang unbekannte Verbindung gab, schien ihnen doch zu fantastisch.

Der US-Historiker Prof. Charles H. Hapgood (1904–1982) war einer von wenigen Wissenschaftlern, die sich die Zeit nahmen, die seltsamen Stücke genauer zu untersuchen. 1955 ließ er an den unmöglichsten Stellen vor Ort Grabungen durchführen und wurde dabei vom lokalen Polizeichef unterstützt. Im Laufe der Arbeit kamen weitere Figuren zum Vorschein. Sogar unter dem Wohnsitz des Polizeichefs wurde man fündig, was von Befürwortern als Beleg für die Echtheit der Sammlung angeführt wird, da das Haus bereits Jahre vor der Entdeckung der ersten Stücke gebaut worden war.

1968 wurde eine Altersdatierung der Plastiken durchgeführt. Die Fachleute billigten einigen Fundstücken ein Alter von 6400 Jahren zu. Datierungen gleicher Objekte, die vom renommierten „Museum Applied Science Center for Archaeology" (MASCA) des Universitätsmuseums der „University of Pennsylvania" vorgenommen wurden, belegten ebenfalls das hohe Alter.

Ende der 1990er-Jahre hat sich der amerikanische Archäologe Neil Steede aus Montana sehr um die Lüftung des Geheimnisses solcher rätsel-

Viele Skulpturen der Acámbaro-Sammlung erinnern an Drachen und Saurier.

hafter Stücke bemüht. Gemeinsam mit Kollegen und einem Fernsehteam verbrachte er einige Wochen in Acámbaro, um den exakten Standort der Sammlung und die Fundstellen genau zu lokalisieren. Steede überzeugte die Behörden davon, jenes Lagerhaus zu öffnen, wo die Acámbaro-Stücke unbeachtet aufbewahrt wurden. Mit einem kurzfristig zusammengestellten Team von Anrainern gelang es ihm, Abertausende von Artefakten auszupacken, genau zu katalogisieren und danach wieder einzupacken. Über 30 Laborproben wurden analysiert und Tausende Fotos angefertigt.

Ergebnis: Die Galerie der Wunderwesen enthält ein Gemisch aus antiken authentischen Stücken und modernen Objekten. Es bleibt weiteren Untersuchungen vorbehalten, die seltsamen Artefakte genauer zu prüfen und eine Klassifikation zwischen „alt“ und „neu“ vorzunehmen. Neil Steede meinte, darauf angesprochen: „Die Acámbaro-Sammlung hat noch nicht ihr letztes Kapitel geschrieben!“

Pater Crespis Metallbibliothek

Die Suche nach geheimnisvollen Gegenständen mit bizarren Motiven führt unweigerlich nach Ecuador in die Stadt Cuenca. Hier werden die Restbestände einer weiteren erstaunlichen Kunstkollektion aufbewahrt. Ihr Alter und ihre Herkunft sind ungeklärt. Gemeint ist die berühmte „Metallbibliothek" des Paters Carlos Crespi (1891–1982) vom Orden der Salesianer. Ursprünglich soll sie aus 6000 Metallfolien unterschiedlicher Größe und Formen bestanden haben. Der Schweizer Götterforscher Erich von Däniken machte den Fundus 1972 mit seinem Bestseller „Aussaat und Kosmos" in der ganzen Welt bekannt und mit der Ruhe im Kloster war es vorbei. Es wurde behauptet, die Hinterlassenschaften seien angeblich aus Gold oder Silber gefertigt. Völlig ausgeschlossen ist es nicht, dass unter den Relikten auch tatsächlich welche aus Gold waren und längst verhökert wurden. Was wir von den vorhandenen Resten aber sicher wissen: Nicht alles, was glänzt, ist Gold. Die Tafeln bestehen aus dünnem Blech, vor allem Legierungen aus Kupfer, Zinn und Messing wurden für ihre Herstellung verwendet. Kritiker spotten seither, dass „alles wertloser Plunder" sei – wahrscheinlich zu voreilig.

Pater Carlos Crespi

Natürlich muss angesichts nicht klassifizierbarer und nicht datierbarer Kunstobjekte Misstrauen bestehen. Auch die reliefartigen Bildmotive tragen nicht gerade dazu bei, die strenge Wissenschaft zu überzeugen: unlesbare Geheimschriften, unverstandene Symbolik, abnorme Fratzen, himmlische Drachen, ausgestorbene Saurier, ortsfremde Elefanten und andere surreal wirkende Zerrbilder einer vergessenen Kultur kennen unsere Geschichtsbücher nicht.

Was wenig bekannt sein dürfte: Die in den 1940er- bis 1960er-Jahren zusammengetragenen Crespi-Schätze bestanden nicht ausschließlich aus der „Metallbibliothek", sondern umfassten eine unüberschaubare Anhäufung bunt gemixter Kuriosa. Neben christlich-religiösen Gegenständen wie Heiligenbilder, Kruzifixe und Gebetsbücher der spanischen Eroberer betraf das ebenso Artefakte aus Stein, die nachweislich bis ins Neolithikum zurückreichen. Ferner gehörten Holzschnitzereien, gravierte Tierknochen und eigentümliche Keramiken dazu.

Die Indianer behaupteten, dass die Objekte aus unerforschten Höhlen ihrer Vorfahren stammten. Die Kalksteinhöhle „Cueva de los Tayos" wurde immer wieder als Quelle der Güter genannt, aber bereits die erste Expedition im Jahr 1976 entdeckte keine einzige Spur davon. Hatten Indios ihre

Surrealist Salvador Dali könnte dazu inspiriert haben: Exponat aus Padre Crespis „Metallbibliothek“

Schätze längst an einen sicheren Ort gebracht? Oder existieren noch andere Eingänge und Höhlen, die bisher unerforscht geblieben sind? Woher die Gegenstände auch immer kamen, Pater Crespi hat sie nicht einfach konfisziert, sondern für jedes Stück bescheidene Geldbeträge gegeben. Dies sprach sich herum und über kurz oder lang wuchs eine Sammlung heran, bei der nicht mehr klar zu unterscheiden war, was nun alt und was neu war. Das kümmerte Pater Crespi wenig, war er doch in erster Linie Missionar und nicht Wissenschaftler.
In der Ungewissheit der Herkunft dieser Objekte liegt auch ihre Hauptproblematik. Analog zu den Funden aus Ica und Acámbaro ist kaum mehr zu unterscheiden, was nun wirklich original ist und was eine Neuschöpfung. Das ist der Grund, weshalb sich Wissenschaftler nie ernsthaft mit diesen Kunstwerken befassen wollten und ihre Echtheit bis heute angezweifelt wird. Auch die Mitbrüder brachten wenig Verständnis für die (Sammel-) Leidenschaft Pater Crespis auf, verstanden sie sich doch in erster Linie als Schulorden mit großer Verantwortung für die Jugend des Landes. Crespi war bei der Bevölkerung jedoch ungemein beliebt, und ob die Salesianer wollten oder nicht, die Sammlung wuchs bis zu seinem Tod ständig an.

Als Pater Crespi am 30. April 1982 verstarb, verblieb ein Teil seiner Schätze im Salesianerkloster Maria Auxiladora. Allmählich wurde die Sammlung vergessen. Jahrzehnte hatte sie niemand mehr zu Gesicht bekommen bis zum Ausstellungsprojekt „Unsolved Mysteries“, das der engagierte Tiroler Kulturmanager Klaus Dona zur Jahrtausendwende initiierte. Der ehemalige Direkter des „Nordico City Museums“ in Linz, Dr. Willibald Katzinger, und ich haben ihn dabei tatkräftig unterstützt. Die Recherchearbeit lockte uns ein Jahr vor der Eröffnung nach Cuenca. Hier führten wir im „Museo del Banco Central" intensive Gespräche mit dem Chefrestaurator José Maldonado. Er bestätigte unseren Verdacht, wonach ein paar Tausend Objekte der Crespi-Kollektion erhalten geblieben sind: „Der Großteil der Fundsachen wurde nach dem Tod von Pater Crespi im Jahre 1982 aufgelöst beziehungsweise an die Bank verkauft." Die *Banco Central* sei zwar im Besitz von Crespi-Schätzen, heißt es von offizieller Seite, nicht aber der „Metallbibliothek", vielmehr habe man das Interesse auf die christlichen Motive gelenkt sowie auf einige Steinobjekte und Keramiken.

Unter den wenig erhalten gebliebenen Stücken gibt es aber durchaus archäologische Kostbarkeiten, die zu verblüffen vermögen. Etwa ein prähistorischer Behälter, 13 cm hoch und 19 cm im Durchmesser, der aus einem harten Granitbrocken herausgehauen wurde. Die Wandstärke beträgt nur wenige Millimeter. Welche Technik von den Bildhauern angewandt wurde, um diese Perfektion zu erreichen, konnten uns auch die Kunstexperten des Bankmuseums nicht plausibel erklären.

„Und was ist mit den berühmten ‚Metallplatten' geschehen?", fragten wir neugierig. „Sie befinden sich in für die Öffentlichkeit nicht zugänglichen Depots des Salesianerordens", betonte José Maldonado und fügte hinzu: „Bis vor wenigen Jahren wurden sie am Dachboden des Alttraktes gelagert und sind dann wegen der Klostererneuerung in den Keller gewandert."

Wir erfuhren, dass die skurrilen Blechplatten nicht auch von der Bank erworben wurden, weil die damaligen Prüfer den betreffenden Überresten keinen historischen Wert beigemessen hatten. Eine unüberlegte Vorgangsweise, die der heutige Chefrestaurator des Bankmuseums sehr bedauert, da nicht auszuschließen sei, dass sich unter den zweifelhaften Exponaten durchaus authentische befinden könnten. Außerdem hätte Maldonado die Restbestände gerne in einer Sammlung zusammengefügt und der Öffentlichkeit zugänglich gemacht.

Wichtige Objekte waren schon vor Crespis Tod in die Hände von Privatsammlern gelangt und gelten seither als verschollen. Andere sollen sich im Vatikan befinden, heißt es. Geblieben ist ein umfangreiches Bildmaterial, das unter anderem auch die inzwischen als vermisst geltenden Stücke zeigt und vor Auflösung der Crespi-Sammlung von der Bank angefertigt wurde. Zunächst bekamen wir nur diese Fotos zu Gesicht. Ein Versuch, im Kloster eingelassen zu werden und einen Blick in die Kellerarchive werfen zu dürfen, wurde uns – trotz Vermittlung der Bank – verwehrt. „Da ist nichts Besonderes mehr da und es lohnt sich nicht, die Sachen anzusehen, da sie wertlos sind!", hieß es lapidar vonseiten eines älteren Dieners Gottes. So nah am Ziel und doch alles nur vergebliche Liebesmüh? So erging es in den letzten Jahrzehnten vielen Reisenden und Forschern, die der „Metallbibliothek" auf die Spur kommen wollten, darunter Abenteurern, Wichtigtuern und Geschäftemachern.

Verständlich, dass José Maldonado aus diesem Grund anfänglich unserem Vorhaben gegenüber misstrauisch eingestellt war. Das sollte sich jedoch bald ändern. Wir sind Freunde geworden. Maldonado sah uns die bittere Enttäuschung an, als wir vor verschlossenen Klostertüren standen. Er machte uns Mut und versprach, sich weiterhin für uns einzusetzen. Und tatsächlich: Es gelang mit seiner Hilfe, insgesamt über hundert Originalstücke aus den Restbeständen der „Metallbibliothek“ für die Ausstellung zu erhalten, ebenso rare Steinobjekte mit ungeklärtem Verwendungszweck, fratzenhafte Tonfiguren oder eine 54 Zentimeter lange „Wirbelsäule“ mit sonderbaren Einritzungen. Am Rande bemerkt: Knochen mit unverstandenen Gravuren, die jenen der Crespi-Stücke gleichen, habe ich im Anthropologischen Museum in Mexico City fotografiert. Dort werden sie als „präkolumbisch“ deklariert. Ein weiteres Indiz dafür, dass viele Crespi-Exponate vielleicht doch steinalt sein könnten?

Wird oft als Herkunftsort der Crespi-Güter genannt: Cueva de los Tayos

Seit der Premiere der „Unsolved-Mysteries“-Schau 2001 im Wiener Schottenstift sind eineinhalb Jahrzehnte ins Land gezogen. Damals erklärten die Padres des Salesianerklosters, dass sie daran denken würden, ein kleines Museum mit den letzten Fragmenten der Pater-Crespi-Kollektion zu eröffnen. Das wäre sinnvoll gewesen. Der sozial engagierte und bei den einheimischen Stämmen äußerst beliebte Salesianerpater hätte sich eine museale Würdigung verdient. Ecuador-Touristen wäre es endlich möglich gewesen, sich ein persönliches Bild der umstrittenen Sammlung zu machen. Leider Gottes blieb es nur bei der Ankündigung. Irgendwer hatte offenbar kalte Füße bekommen.

Daher werden die Kunstobjekte von Pater Crespi weiterhin unter Verschluss gehalten. Sie warten auf ihre Wiederentdeckung im Depot der „Banco Central“ und in einem Lagerraum des Klosters in Cuenca. Nur sehr hartnäckige Zeitgenossen, die nicht locker lassen und brav Almosen spenden, haben die Chance, Reste der „Metallbibliothek“ zu erblicken. Das Bravourstück gelang zuletzt im Sommer 2014 meiner Wiener Autorenkollegin Gabriele Lukacs. Sie besuchte ebenfalls die „Banco Central“, wo ihr in der Abteilung für Restauration meterlange Metallfolien aus dem Crespi-Nachlass gezeigt wurden. Das überrascht. Laut bisheriger Darstellung sei die Zentralbank nicht im Besitz von Pater Crespis „Metallschätzen“.

Gefälschte Geschichte? Moderne Kunst? Oder handelt es sich vielleicht doch um Relikte einer noch unbekannten Kultur? Möglicherweise beides, wie der Chefrestaurator José Maldonado 2005 auf Nachfrage versicherte: „Einige der Metallplatten sind nachweislich gefälscht. Andere Stücke scheinen zumindest 3000 Jahre alt zu sein.“

ANTIKE TECHNOLOGIEN

Archäo-astronomisches Hightech, der Antikythera-Mechanismus und die „Embryologische Scheibe“

Wir sind so erzogen worden, dass wir vernünftig erscheinen wollen.
Und vernünftig ist bei uns, was die Wissenschaft hervorbringt.
Wer etwas anderes behauptet, setzt sich der Gefahr aus, sich lächerlich zu machen.
Es braucht seine Zeit, bis das Unvernünftige vernünftig wird.
Erich von Däniken, Schweizer Schriftsteller und Präastronautik-Pionier

Alles schon da gewesen!

Wurden bereits vor Jahrtausenden Hochtechnologien entwickelt, von denen wir heute keine Ahnung mehr haben? Beweise? Vielleicht sind sie längst gefunden worden. Kennen und verstehen wir wirklich all die verborgenen Hinterlassenschaften vergangener Kulturen? Welche Schätze verstauben unbekannt in finsteren Kellerarchiven der Museen und archäologischen Instituten? Ich behaupte: Ganze Wandschränke voll mit nicht klassifizierten Schätzen warten noch darauf, endlich aus ihrem Dornröschenschlaf geweckt zu werden. Ihre Aufarbeitung kostet Zeit, Geld und harte Arbeit. Die Anstrengungen könnten sich aber lohnen und neue Sichtweisen über unsere Vergangenheit notwendig machen. Für die Wahrheitsfindung wünschenswert wäre: unerforschte Nachlässe unserer Ahnen nicht nur einseitig herrschenden Dogmen unterzuordnen, sondern ebenso neue Betrachtungsweisen zu erlauben – etwa die Überprüfung der Frage nach technologischem Wissen im Altertum. Die Liste verdächtiger Hightech-Artefakte, die von offizieller Seite nach wie vor umstritten sind und in gewisser Ratlosigkeit bestenfalls das Etikett „Kultobjekt“ oder „Kuriosa“ erhalten haben, ist sehr lang. Im Folgenden sieben Beispiele, die im Original besichtigt werden können:

DER „KABWE MAN“ ALIAS HOMO RHODESIENSIS

Im „Natural History Museum“ in London wird der Schädel eines Urmenschen aufbewahrt, der vor mindestens 130 000 Jahren starb. Als höchste Altersgrenze gelten 300 000 Jahre. Er wurde 1921 in fast zwanzig Metern Tiefe bei Bergwerksarbeiten im afrikanischen Sambia (Teil des ehemaligen Nordrhodesien) entdeckt. Auf der linken Seite weist der Schädel ein fein abgegrenztes Loch auf, das wie eine Schusswunde aussieht.

Die rechte Schädelseite ist großflächig von innen heraus zertrümmert. Die Spuren deuten auf die Einwirkung eines Hochgeschwindigkeitsgeschosses.

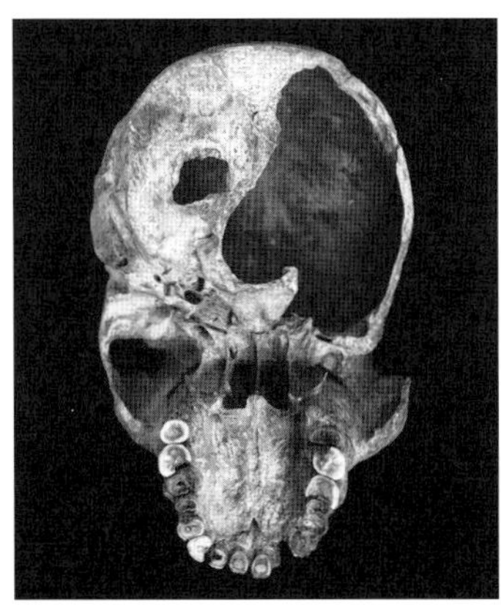

Direkt gegenüber gibt es eine Zerschmetterung, so als sei ein Projektil wieder aus dem Kopf ausgetreten. Forensiker bestätigen, dass die Verletzung nicht von einem Speer oder Pfeil herrühren kann. Allem Anschein nach sind beide Löcher durch ein Hochgeschwindigkeitsgeschoss verursacht worden. Dass der Urmensch möglicherweise von einer Pistolen- oder Gewehrkugel getötet wurde, will niemand glauben. Welcher Revolverheld soll damals auf ihn geschossen haben? Ein Zeitreisender? Die „vernünftigen“ Erklärungsversuche der Fachexperten überzeugen ebenso wenig: Der Mann könnte sich die Verletzungen durch einen ungewöhnlichen Sturz zugezogen haben, an einer seltenen Wachstumskrankheit gelitten haben oder von einem Meteoriten getroffen worden sein, so gängige Theorien.

DIE HIMMELSSCHEIBE VON NEBRA

Seit 2002 gehört sie zum Bestand des „Landesmuseums für Vorgeschichte Sachsen-Anhalt" in Halle. Es handelt sich um eine einzigartige Bronzescheibe mit 32 cm im Durchmesser, zwei Kilogramm Gewicht und eingearbeiteten Goldapplikationen. 1999 wurde das runde Fundstück bei einer Raubgrabung auf dem Gelände des bronzezeitlichen Observatoriums Mittelberg bei Nebra entdeckt. Beim Versuch, das wertvolle Unikat illegal zu verkaufen, konnten die Diebe in Basel von verdeckten Ermittlern gestellt und das Kulturgut beschlagnahmt werden.

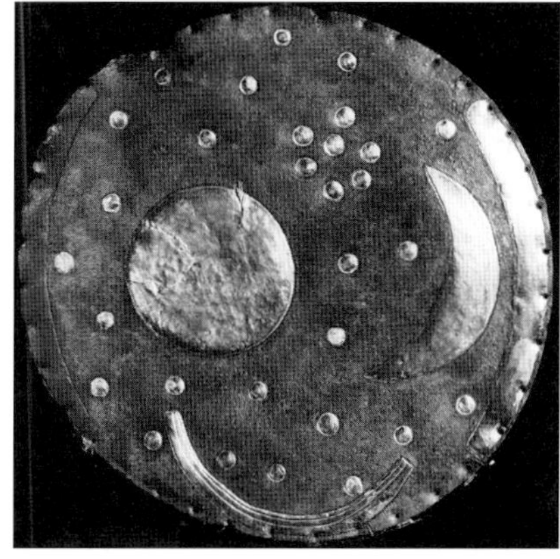

Die Himmelsscheibe von Nebra

Erst hinterher konnte durch wissenschaftliche Untersuchungen festgestellt werden, was für ein historisch bedeutender Schatz hier sichergestellt wurde: Die Himmelsscheibe ist vor etwa 3600 Jahren vergraben worden, war aber zuvor bereits jahrhundertelang in Verwendung. Das Herstellungsalter wird auf bis zu 4100 Jahre geschätzt. Die Vorderseite zeigt astronomische Darstellungen: die Sonne – je nach Lesart auch den Vollmond –, eine Mondsichel sowie insgesamt 32 goldene „Sterne". Sieben davon stehen eng beieinander und werden als Sternbild der Plejaden interpretiert. Am Rand der Scheibe finden sich Horizontbögen sowie im unteren Bereich eine bogenförmige Struktur mit Kerben. Sie erinnert an eine Sichel oder an eine ägyptische „Sonnenbarke". Woher das Gold für die Schmiedearbeit kam, haben Archäologen inzwischen herausgefunden: aus Cornwall im Südwesten Englands. Es muss über bronzezeitliche Handelswege ins heutige Mitteldeutschland exportiert worden sein.

Zur Deutung der Abbilder gibt es eine Reihe von Erklärungsansätzen, die astronomische, arithmetische, geometrische, ikonografische und ethnologische Analysen mit einbeziehen. Aber wirklich schlau wurden die Experten daraus noch nicht. War die Himmelsscheibe ein astronomischer Kalender, ein Peilgerät, eine Sternenkarte oder ein Universalinstrument? Astronomen haben aus den Daten ermittelt, dass der geniale Hersteller der Himmelsscheibe Sonnenjahre (365 Tage) und Mondjahre (354 Tage) miteinander in Einklang brachte und Schaltjahre mit berücksichtigte. Bisherige Forschungen gingen davon aus, dass das Wissen darüber nur den Babyloniern und alten Griechen bekannt war.

Technisches Meisterstück von Hans Hampl: funktionierendes Modell der Himmelsscheibe als „Lunisolarkalender"

Die Studien des Hobbyarchäologen Hans Hampl aus Baden-Württemberg gehen noch einen Schritt weiter. Er erkannte in der Bildfolge sowie den als „Sterne" gedeuteten Goldpunkten und den gezielt gesetzten 39-Loch-Markierungen am Rande des Artefakts einen mechanischen Kalender.

Hampl nennt ihn „Lunisolarkalender"; er wird nicht mit Zahnrädern, sondern mit Tierfellbespannungen und Haarborsten in Bewegung gesetzt. Hampl ist überzeugt davon, dass die als „Schiffsbogen" gedeutete Abbildung auf der Scheibe in Wahrheit der Teil eines „Planetengetriebes" ist, wobei die Kerben im Bogen die beiden Umdrehungen während eines Jahres anzeigen. Die Riffelungen am Rande würden auf ein Fellgetriebe hinweisen. Der Heimwerker beließ es nicht nur bei der Hypothese, sondern konstruierte eine funktionstüchtige Modellapparatur, die einen Nachbau der Himmelsscheibe und eine hölzerne Mechanik mit zwei Getrieben umfasst. Mit dem raffinierten Mechanismus lassen sich der Jahreslauf, die Mondphasen, Sonnwenden, Tagundnachtgleiche sowie Auf- und Untergang der Plejaden im Sternbild Stier exakt berechnen, anzeigen und ablesen.
Das Nebra-Artefakt lässt noch viele Fragen offen. Dazu gehört auch die mögliche Verbindung zur Kreisgrabenanlage von Goseck, die nur 20 Kilometer von der Himmelsscheiben-Fundstelle entfernt liegt. Der kreisrunde Ringgraben bezeugt astronomische Kenntnisse, die 7000 Jahre in jungsteinzeitliche Vergangenheit zurückreichen.

GOLDENE HÜTE

Berliner Goldhut: Kopfbedeckung als astronomischer Datenspeicher um 1000 v. Chr.

Ein anderes Beispiel, das vielleicht kulturhistorisch ebenfalls mit der „Himmelsscheibe von Nebra" im Zusammenhang stehen könnte, ist der 75 Zentimeter hohe Goldhut im „Neuen Museum" in Berlin. Er besteht aus hauchdünnem Goldblech und ist mindestens 3000 Jahre alt. Auf Umwegen gelangte das Exponat in den Besitz der „Stiftung Preußischer Kulturbesitz". Der genaue Fundort ist unbekannt, wird aber in Süddeutschland vermutet. Entdeckt wurde der ungewöhnliche Gegenstand von einem Hobbyschatzsucher. Drei sehr ähnliche Objekte kannte die Fachwelt bereits früher. Sie wurden zunächst als Pfeilköcher, Teile von Rüstungen, Vasen und Pfahlkrönungen gedeutet.
Die „Zeremonialhüte" sind mit symmetrischen und geometrischen „Stempelmustern" versehen, darunter Mondsicheln, horizontale Linien, konzentrische Kreise und Sterne. Diesen Symbolen wurde lange Zeit nur die belanglose Funktion einer Verzierung zugeschrieben. Erst neue Untersuchungsmethoden durch Archäo-Astronomen brachten die Gewissheit: Die Goldhüte waren nicht bloß Kopfbedeckungen für keltische Priester oder „Kultobjekte" für bestimmte Zeremonien, sondern spiegeln das detaillierte astronomische Wissen unserer Urväter wider. Wilfried Menghin (1942–2013), ehemaliger Direktor des „Berliner Museums für Vor- und Frühgeschichte", nannte sie „Herren der Zeit". „Es waren Leute mit heiligem Wissen, die in die Zukunft blicken konnten", erklärte er

in einem Artikel. Denn den Schaft des „Berliner Goldhutes“ schmücken 1739 Kreisbuckel und Halbmonde. Menghins Berechnungen zufolge zeigen diese Zeichen den „Metonischen Zyklus“ an. Dieser besagt, dass 19 Sonnenjahre fast genau 235 Mondperioden entsprechen. Das heißt, nach 19 Jahren fallen zum Beispiel die Vollmonde auf die gleichen Tage. Offiziell wurde diese Erkenntnis allerdings erst im Jahr 432 v. Chr. vom Griechen Meton entdeckt. Sie gilt noch heute als Zentralformel bei der Verzahnung von Mondjahr und Sonnenjahr. „Die Symbole sind eine Art Logarithmentafel zur Berechnung des lunisolaren Kalenders“, so Menghin. Aus der Entschlüsselung lässt sich folgern: Die „Ornamentik“ und „religiöse Zierart“ vieler prähistorischer Kunstobjekte müssen nicht nur der Dekoration gedient haben, sondern können ebenso gut profundes archäo-astronomisches Wissen enthalten.

DIE RAIMONDI-STELE

Die Raimondi-Stele aus Altperu. Zeigt die Frontseite ein Fabelwesen oder eine mechanische Dampfmaschine?

Im „Museo Nacional de Arqueología, Antropología e Historia del Perú“ in Lima steht ein zwei Meter hoher Monolith, der „Raimondi-Stele“ genannt wird. Er stammt aus der Chavin-Kultur und wird mit ca. 900 v. Chr. datiert. Archäologen sind sich über die Bedeutung der technisch anmutenden Ornamentik auf der Stele uneins. In der Fachliteratur werden mehr als 26 verschiedene Deutungen genannt. Die beliebteste Sinngebung zur Abbildung auf der Frontseite lautet: „Anthropomorphes Mischwesen mit Raubtierzähnen und mit Greifvogelklauen an Händen und Füßen.“

Ganz anders interpretierte der deutsche Ingenieur Dr. Wolfgang Volkrodt (1925–2000) die Stele. Seinen Studien zufolge handelt es sich um die in Stein gehauene Wiedergabe einer Kesselanlage, in der Dampf produziert wurde. Der Dampf wiederum bewegte acht schwenkbare Hebel und die dazugehörigen Drehkolben. Der Rekonstruktion nach handelt es sich bei der „Raimondi-Stele“ nicht bloß um Dekoration, sondern in Wirklichkeit um den technischen Aufbau einer raffiniert durchdachten antiken Apparatur.

DER JAGUAR VON PANAMA

Technischer Maya-Jaguar aus Panama?

Das Museum der University of Pennsylvania in Philadelphia, USA, ist im Besitz eines präkolumbischen Unikats, das 1940 (nach anderer Quelle 1920) in Panama gefunden wurde. Es ist 11 cm lang, aus Gold gefertigt, hat einen rechteckigen Smaragd eingesetzt und soll um 800 n. Chr. hergestellt worden sein. Offiziell handelt

es sich um das Modell eines „Jaguars", der vom Künstler „etwas unglücklich" gefertigt wurde.
Wo aber gibt es Raubkatzen mit einem flachen kräftigen Schwanz und zwei großen Zahnrädern am Ende? Welches Tier hat krumm geformte Krallen, die wie das Schaufelrad eines Baggers miteinander verbunden sind? Wieso sieht der Jaguar aus wie eine Maschine? Alles berechtigte Fragen, die noch einer Lösung harren.

GOLDAMULETTE AUS KOLUMBIEN

Das „Museo del Oro" in Bogotá, Kolumbien, und die Goldkammer des „Bremer Überseemuseums" in Deutschland beherbergen Goldminiaturen, die in 1500 Jahre alten präkolumbischen Gräbern gefunden wurden. Altamerikanisten deuten die Fundstücke als „religiösen Zierrat".
Luft- und Raumfahrtexperten sind hingegen über die moderne aerodynamische Konstruktion verblüfft. Die Deltaflügel weisen eine dreieckige Trägerflächenform auf, die bei Flugzeugen mit hoher Geschwindigkeit verwendet wird. Sie sind wie bei dem von der NASA entwickelten Raumfährentyp Spaceshuttle an der unteren Seite des Rumpfes angebracht. Zusätzlich weisen die „Schmuckanhänger" Details auf, die präzise einem Leitwerk mit senkrechtem Seitenruder und horizontal angeordnetem Höhenruder entsprechen. In einer mehrjährigen Studie haben deutsche Forscher ferngesteuerte Modelle im originalgetreuen Maßstab 16:1 nachgebaut. Mit erfolgreichen Flugtests konnte der naturwissenschaftliche Nachweis erbracht werden, dass die präkolumbischen „Goldamulette" hochmoderne Flugeigenschaften besitzen, für die es in der Natur keine Analogien gibt. Zufällige

Präkolumbische „Goldamulette" im Space-Shuttle-Design

Fast 2200 Jahre alt: „Satellitenkarte" aus dem Grab von Mawangdui

Eigenheiten? Oder existierten bereits im Altertum unbekannte Flugmaschinen, die den Miniaturen als Vorbilder gedient haben?

TOPOGRAFISCHE KARTE AUS DEM GRAB VON MAWANGDUI

Im „Hunan Museum" in Changsha, der Hauptstadt der chinesischen Provinz Hunan, werden unglaubliche Artefakte aus dem 2170 Jahre alten Grab von Mawangdui aufbewahrt. Unter den 1972 geborgenen Schätzen befindet sich eine topografische Karte im Maßstab 1:180 000. Es ist ein Seidentuch, auf dem die Gebiete der Provinzen Hunan und Guangdong exakt und maßstabsgetreu wiedergegeben werden. Die topografische Genauigkeit ist so präzise, dass der Eindruck vermittelt wird, die Vorlage dafür sei aus großer Höhe vom Orbit aus aufgenommen worden. Chinesische Archäologen gestehen freimütig ein, dass sie keine plausible Erklärung für die prähistorische „Satellitenkarte" vorlegen können.

Die Entdeckung des „Ur-Computers“

Computer sind eine Errungenschaft des 20. Jahrhunderts. Eine Welt ohne diese Superrechner ist heute nicht mehr vorstellbar. Aber wie war das im Altertum? Es fällt uns schwer, zu glauben, dass schon im antiken Griechenland hochkomplexe und noch dazu recht handliche Hightechgeräte existierten, um damit den Lauf von Gestirnen exakt zu berechnen. Und doch war zumindest ein solcher „Ur-Computer“ bereits vor mehr als zwei Jahrtausenden im Einsatz. Der Zufallsfund der Maschine von Antikythera ist der bestechende Beweis dafür.

Im Herbst 1900 hatten griechische Taucher zwischen Peloponnes und Kreta nahe der Felsinsel Antikythera Meeresschwämme gesucht. Doch statt den Schwämmen entdeckten sie in 42 Metern Tiefe ein brüchiges Schiffswrack mit wertvollen Gütern. Der Großteil der Ladung wurde bis zum Herbst 1901 gehoben und ins „Archäologische Nationalmuseum“ nach Athen gebracht, darunter seltene Bronzestatuen, kostbare Vasen und manch Undefinierbares. Inzwischen steht fest: Das 50 Meter lange Handelsschiff war von Kleinasien nach Rom unterwegs und dürfte völlig überladen um 70. v. Chr. gesunken sein. Das belegen viele an Bord befindliche Münzen und Gefäße aus dieser Zeit.

Angesichts der prächtigen Kunstwerke und Amphoren interessierte sich damals niemand für ein paar rostige Klumpen, die zwischen den Waren lagen. Eine Identifizierung der stark korrodierten Bruchstücke, Zahnräder und bronzenen Platten schien auch nach Entfernung von Algen und Rost nicht möglich. So ruhten die sonderbaren Brocken mit anderen Gegenständen zwei Jahre lang in einer Ecke des Museumsarchivs, bis der Direktor Valerios Stais beim genaueren Betrachten stutzig wurde. Die Gegenstände im Gerümpel der antiken Schiffsladung erinnerten ihn an den Mechanismus einer Bronzeuhr.

Bei näherer Betrachtung bestätigte sich Stais’ Verdacht. Die einzelnen Bruchstücke waren tatsächlich Bestandteile eines komplizierten Räderwerkes aus Metall. Der Archäologe legte seine Entdeckung seinen Experten im Athener Museum vor. Einige Gelehrte vermuteten, dass die Teile zu einem Sternenhöhenmesser oder Navigationsinstrument gehört haben könnten. Aber konnte so ein Wunderwerk tatsächlich aus vorchristlicher Zeit stammen? Zweifel schienen berechtigt, denn zuvor hatte man nicht einmal ein Zahnrad aus der Antike gefunden. Verschiedene, mit der Untersuchung befasste Wissenschaftler lehnten eine daraus resultierende Erklärung als zu abenteuerlich ab – und weil bekanntlich nicht sein kann, was nach manch gelehrter Ansicht nicht sein darf, einigten sich die „Ungläubigen“ darauf, dass diese „astronomische Uhr“ aller Wahrscheinlichkeit nach in der

1901 vor der Insel Antikythera: Griechische Seeleute holen die antiken Schätze des gesunkenen Handelsschiffes vom Meeresgrund.

Renaissance-Zeit in der Ägäis „entsorgt" wurde. Dabei sei die Apparatur dann durch einen reinen Zufall im vorchristlichen Handelsschiff inmitten anderer Kunstschätze gelandet. Da soll noch einer behaupten, Skeptiker hätten keine blühende Fantasie!

UNTERSUCHUNG DES UNFASSBAREN

Es mussten Jahrzehnte vergehen, bis die prähistorische Herkunft des Antikythera-Mechanismus belegt und wissenschaftlich anerkannt wurde. Den Nachweis dazu erbrachte der britische Historiker und Experimentalphysiker Derek de Solla Price (1922–1983), der an der amerikanischen „Yale University" als Professor tätig war. 1971 ließ Price die Relikte erstmals mittels Röntgen- und Gammastrahlen untersuchen. Der Blick ins Innere des Mechanismus ermöglichte eine erste wissenschaftliche Rekonstruktion des Zahnradgetriebes. Was bis dahin nur wenige Wissenschaftler für möglich gehalten hatten, wurde zur Gewissheit: Die rostigen Klumpen aus dem Meer entpuppten sich als Teile einer handlichen Hightechapparatur mit doppelt skalierter Ringskala und kompliziertem Differenzialgetriebe. Das erstaunt vor allem deshalb, weil eine solche Präzision erst 1828 zum Patent angemeldet worden war!
Hunderte Einzelteile sind zu diesem raffinierten Räderwerk zusammengefügt worden. Damit wurden der Stand der Sonne und des Mondes am Himmel angezeigt, Mondphasen dargestellt, Bahnwendepunkte der Planeten Merkur, Venus, Mars, Jupiter und Saturn berechnet sowie der Tag, an dem

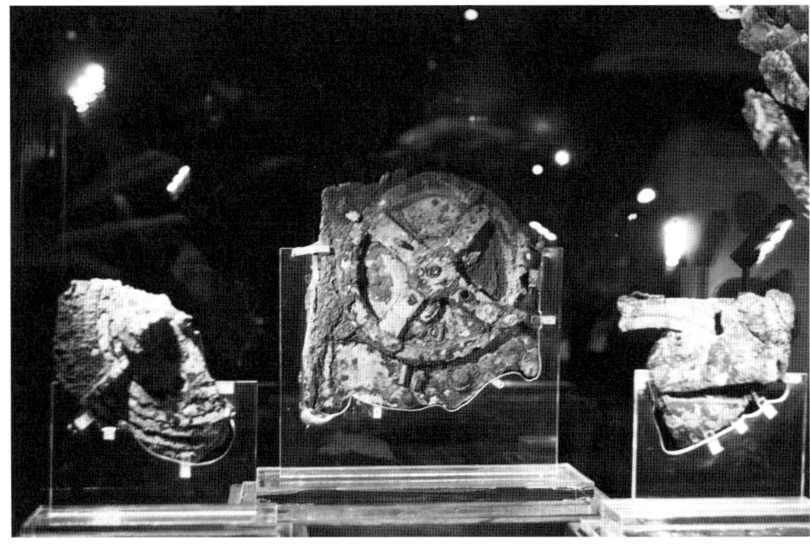

Wundermaschine von Antikythera, ausgestellt im archäologischen Nationalmuseum in Athen

sie zuerst und zuletzt am Nachthimmel auftauchen. Das Gerät war auch ein Machtfaktor für Politiker und Propheten. Der fachkundige Besitzer war mit der Maschine in der Lage, Sonnen- und Mondfinsternis bis auf die Minute genau vorauszusagen. Etwas Vergleichbares wurde nirgendwo im Altertum gefunden. Frühestens ab dem 13. Jahrhundert sind annähernd ähnlich funktionierende Feinmechaniken nachgewiesen. Derek de Solla Price zeigte sich höchst verwundert: „Derartiges zu finden wie diesen griechischen Sterncomputer, ist genauso, wie wenn man in der Grabkammer des Pharao Tutanchamun ein Düsenflugzeug entdecken würde …"

Im Jahr 2005 unterzogen Wissenschaftler mehrerer internationaler Universitäten die Maschine von Antikythera einer erneuten Prüfung. Da der Fund wegen seiner Brüchigkeit nicht transportiert werden durfte, kamen die Experten mit hoch entwickelten Scannern und tonnenschweren Computertomografen nach Athen. Bei der aufwendigen Untersuchung stellte sich heraus, dass das Gerät noch komplexer als gedacht ist. Die dreidimensionalen hoch aufgelösten Röntgenbilder machten Details sichtbar, die kleiner als einen Zehntelmillimeter sind. Damit konnte das Forscherteam selbst verwitterte altgriechische Inschriften entziffern und rekonstruieren.

NEUE TAUCHEXPEDITIONEN

Heute wissen wir, dass von dem „Vorzeit-Computer", der nicht größer als ein Schuhkarton ist, 82 Einzelteile erhalten sind. Die filigranen Zähne des Rädergetriebes haben die Form gleichschenkeliger Dreiecke (60-GradWinkel an der Spitze und am Zahnfuß) und sind alle gleich hoch (etwa 1,5 mm). Damit jedes Zahnrad in ein anderes Zahnrad greifen konnte, war an der

Außenwand der Maschine ein Drehknopf oder eine Kurbel angebracht. Über ein zusätzliches Winkelgetriebe konnten alle Zahnräder in Bewegung gesetzt werden. Nach der Rekonstruktion steht fest: Die Apparatur ist nicht vollständig erhalten. Einige Zahnräder und Zeiger fehlen. Sind sie im Zuge der Bergung verloren gegangen? Oder lassen sich womöglich im Schiffswrack noch Fragmente finden?
Es ist wie die Suche nach der berühmten Nadel im Heuhaufen: Amerikanische und griechische Ozeanografen wollten nichts unversucht lassen, um fehlende Teile der Rechenmaschine aufzuspüren. 2014 startete das Projekt „Return to Antikythera". Bei den neuen Tauchexpeditionen zum Wrack konnten zwar Bronzestücke und Amphoren geborgen werden, aber die gesuchten Objekte waren noch nicht dabei. Dr. Aggeliki Simossi, Leiterin der griechischen Behörde für Unterwasseraltertümer, ist dennoch optimistisch, weil „bei den bisherigen Expeditionen nur ein Teil des Fundortes untersucht worden ist". Bislang war man nur in eine Tiefe von 60 Metern vorgedrungen. Mit besserer Ausrüstung soll bis zu 150 Meter tief getaucht werden. Liegen im schlammigen Meeresgrund vor Antikythera und anderswo weitere reale Utopien, die unsere Geschichtsschreibung erneut auf den Kopf stellen könnten? Nach der Entdeckung des „Ur-Computers" scheint nichts mehr unmöglich.

Bronzekopf aus dem antiken Schiffswrack vor Antikythera. Welcher Gelehrte wurde porträtiert?

HEUREKA!

Die drei größten Teile der antiken Wundermaschine sind im „Archäologischen Nationalmuseum" in Athen ausgestellt. Originalgetreue Nachbauten können im „Deutschen Museum" in München, im „Astronomisch-Physikalischen Kabinett" in Kassel, im Schweizer „Musée International d'Horlogerie" (Internationales Uhrenmuseum) in La Chaux-de-Fonds und im „American Computer Museum" in Bozeman, Montana, besichtigt werden. Bleibt noch die Frage zu klären, woher die Maschine ursprünglich kam. Ihre antike Herkunft steht zweifelsfrei fest, aber welcher geniale Konstrukteur war damals imstande, dieses Hightechgerät zu bauen?
Da selbst die Bewegungen von Planetenbahnen angezeigt werden konnten, müssten die alten Griechen um die Kugelgestalt der Erde gewusst haben. Allem Anschein nach basiert der Antikythera-Mechanismus auf der Erkenntnis, dass die Erde um die Sonne kreist und nicht umgekehrt. Ein heliozentrisches Weltbild in der Antike? 1700 Jahre vor Galileo Galilei (1564–1642), der für seine revolutionäre Behauptung nur knapp dem Scheiterhaufen der Inquisition entgangen war? Hinweise darauf lassen sich unabhängig von der Wundermaschine nachweisen – etwa in den Schriften des Aristoteles (384–322 v. Chr.). Der griechische Philosoph befürwortete zwar das geozentrische Weltbild, aber er kritisierte die Lehre der Pythagoräer, die – woher auch immer – andere Informationen hatten. In Aris-

toteles' Hauptwerk über den Aufbau des Kosmos, „De Caelo" („Über den Himmel"), heißt es dazu:

„Im Zentrum, sagen sie (die Pythagoräer, Anm. d. Verf.)*, ist Feuer und die Erde ist einer der Sterne und erzeugt Nacht und Tag, indem sie sich kreisförmig um das Zentrum bewegt."*

Ein anderer bedeutender Astronom der Antike war der Grieche Hipparchos (um 190–120 v. Chr.). Er gilt als Vater der modernen Trigonometrie und erkannte Unregelmäßigkeiten in der Bahn des Mondes, verursacht durch seine elliptische Umlaufbewegung. Diese Erkenntnisse spiegeln sich auch in der verwirrenden Zahnradkonstruktion der Maschine von Antikythera wider. Was zudem stutzig macht: Roms berühmtester Redner Cicero (106–43 v. Chr.) erwähnt in seinen Texten einen Freund namens Posidonius (135–51 v. Chr.), der mit einem astronomischen Gerät die relativen Positionen von Sonne, Mond und Planeten berechnen konnte. Viele Historiker halten diese Passage für Geflunker aus dem Reich „dichterischer Freiheit". Doch Cicero dürfte das beschriebene Gerät – mutmaßlich den Ur-Computer von Antikythera – wirklich gesehen haben.
Bisher wurde das Alter der Maschine nur indirekt anhand der im Schiffswrack gefundenen Münzen ins 1. vorchristliche Jahrhundert datiert. Als das Schiff sank, muss die Apparatur aber bereits lange in Gebrauch gewesen sein. Dafür sprechen Reparaturen beim Mechanismus, etwa Zahnräder, die ausgebaut und ausgetauscht wurden. Der amerikanische Physiker James Evans von der „University of Puget Sound" in Tacoma/USA stellte bei seinen jüngsten Analysen fest, dass das Gerät perfekte Berechnungen und Daten für die Jahre zwischen 205 und 187 vor Christus liefert. Evans zieht daraus den Schluss, dass die Apparatur aus der Zeit mindestens um 205 v. Chr. stammen müsste. Der „Vorzeit-Computer" wäre demnach um mehr als hundert Jahre älter als bisher vermutet. Wenn das stimmt, dann ist die Erfindung der Maschine wahrscheinlich um noch weitere Jahrzehnte früher anzusetzen, denn: Hightechgeräte fallen nicht urplötzlich vom Himmel. Die komplizierte Technik des Antikythera-Mechanismus lässt sich nicht auf Knopfdruck erfinden. Es muss zuvor eine technologische Evolution gegeben haben, die sich vielleicht über Generationen erstreckt hatte.
Eine Spur führt zum griechischen Universalgelehrten Archimedes (um 287–212 v. Chr.). Von ihm ist überliefert, dass er eine Apparatur gebaut haben soll, mit der schwierige Berechnungen zur Bestimmung von Himmelskörpern möglich waren. Gefunden wurde dieses Instrument nie. War diese Erfindung die Maschine von Antikythera? Genius Archimedes hätte das Wissen gehabt, um einen solchen Ur-Computer zu konstruieren. Das geht aus dem im Jahre 1999 bei einer Versteigerung in New York wiederentdeckten „Kodex des Archimedes" hervor. Die Aufzeichnungen fanden sich unter überschriebenen religiösen Texten eines beschädigten Gebetsbuches. Da im Mittelalter das Pergament kostbar war, wurde oft die Beschrif-

tung von Dokumenten aus der Antike abgekratzt oder abgewaschen und wiederverwendet. Das verschollen geglaubte Buch umfasst 174 Seiten und war ursprünglich Bestandteil einer Klosterbibliothek in Konstantinopel (heute Istanbul), wo Anfang des 20. Jahrhunderts der dänische Sprachwissenschaftler Johan Ludvig Heiberg (1854–1928) darauf aufmerksam wurde. Erst 2006 gelang es dem Physiker Uwe Bergmann und seinen Kollegen von der kalifornischen „Stanford University", den ursprünglichen, mit byzantinischer Tinte verfassten Text sichtbar zu machen. Modernste Teilchenbeschleuniger und Röntgenstrahlung führten zum Erfolg.

Mit der Entzifferung der Urtexte fanden viele Vermutungen über Archimedes' Genialität eine wissenschaftliche Bestätigung. Überdies zeigte sich, dass der Grieche bereits vor über 2200 Jahren scharfsinnige Überlegungen angestellt hatte, die selbst dem englischen Naturforscher Sir Isaac Newton (1643–1727) voraus waren. Archimedes bereitete die komplizierte Differential- und Intergralrechnung vor, näherte sich der Zahl Pi bis auf Bruchteile hinter dem Komma, stellte eine Gravitationstheorie auf, nahm den Unendlichkeitsbegriff und die Wahrscheinlichkeitsrechnung vorweg, entdeckte neue Formeln zur Berechnung von Zylinder und Kugel und ist Erfinder des Hebelgesetzes sowie spezieller Wasserpumpen, die zum Teil noch heute in arabischen Ländern Verwendung finden. Ähnlich wie der phänomenale Leonardo da Vinci (1452–1519) viele Jahrhunderte später, konstruierte Archimedes mechanische Geräte und eigenartige Wunderwaffen, darunter einen riesigen Kran, der nach Booten greifen konnte, und Hohlspiegel zur Bündelung von Licht. Mithilfe dieser Brenngläser, die zumindest laut Überlieferung als „Strahlenkanonen" eingesetzt wurden, sollen feindliche Schiffe vom Land aus zerstört worden sein.

Kupferstich aus dem Mittelalter. Er zeigt, wie Archimedes römische Schiffe mithilfe von Parabolspiegeln in Brand gesetzt haben soll.

Archimedes hat noch etwas bewiesen, nämlich dass angestrengtes, konzentriertes Grübeln, wie im modernen Schulunterricht verlangt, nicht zwingend zu erfolgreichen Ergebnissen führen muss. Sein berühmtester Geniestreich soll beim vergnügten Planschen im Wasser entstanden sein. Dabei bemerkte der findige Bademeister, dass aus der randvollen Wanne jene Wassermenge auslief, die er beim Hineinsteigen mit seinem Körper verdrängte. Heute spricht man vom „Auftriebsprinzip" oder vom „archimedischen Prinzip", bei dem „die Auftriebskraft eines Körpers in einem Medium genauso groß ist wie die Gewichtskraft des vom Körper verdrängten Mediums". Als Archimedes das erkannte, so die Legende, sprang er fidel aus der Badewanne, lief splitternackt auf die Straße und jubelte: „Heureka!" – „Ich hab's gefunden!"

Biologisches und genetisches Wissen

Mysteriösen Artefakten mit ungeklärten Fundumständen, Herkunft und Bedeutung wird die wissenschaftliche Anerkennung häufig verweigert. Bevorzugt dann, wenn die Entdeckungen wegen ihrer Altersdatierung, ausgeklügelten Technik oder fremdartiger Charakteristik nicht ins vertraute geschichtliche Weltbild einzuordnen sind. Im günstigsten Fall sprechen Gelehrte vage von einer zufälligen „Kuriosität" oder von einem unbestimmten „Ritualgegenstand". Nicht selten kommt es vor, dass ein regelwidriger Fund ungeprüft dem Vorwurf der Fälschung ausgesetzt ist. Zunächst als „Humbug" bezeichnete Wunderwerke wie die „Himmelsscheibe von Nebra" oder der Mechanismus von Antikythera lehren uns das Gegenteil. Es ist notwendig, dass sich Wissenschaftler gerade solcher umstrittener Exponate unvoreingenommen annehmen.

Ein solch außergewöhnlicher Fund, der noch im Fokus eines wissenschaftlichen Disputs steht, ist die „Embryologische Scheibe" aus Kolumbien. Sie wurde in den 1970er-Jahren bei der Verlegung einer Wasserleitung am Rande von Bogotá entdeckt. Museen konnten mit dem Objekt nichts anfangen. Heute ist die Rarität in Privatbesitz von Professor Jaime Gutierrez Lega, einem der bedeutendsten Kunstsammler Südamerikas.

Ich hatte das Glück, das Prunkstück mehrmals in Augenschein nehmen zu dürfen. Es besteht aus einem schwarzen Stein mit einem Loch in der Mitte, misst 22 Zentimeter im Durchmesser und wiegt ungefähr zwei Kilo. Geologen der Universität von Bogotá datieren die Entstehungszeit der Scheibe in eine prähistorische Epoche. Im Jahr 2000 durchgeführte Analysen am „Naturhistorischen Museum" in Wien fanden mittels eines Elektronenmikroskops dafür ebenfalls Indizien. Deutliche Verwitterungsspuren am Objekt sprechen für ein hohes Alter der Scheibe. Ein Hinweis auf eine „Fälschung" konnte jedenfalls nicht gefunden werden. Bestätigt wurde außerdem, dass der Gegenstand nicht aus künstlichem Material wie zum Beispiel Zement geformt wurde, sondern aus natürlichem Kieselschiefer mit kohlehaltigen Pigmenten, Lydit genannt, besteht.

Das Problem für die Archäologen: die ungeklärten Fundumstände und die Schwierigkeit, das Stück einwandfrei kulturell zu klassifizieren. Etwas Vergleichbares wurde nirgendwo in Südamerika gefunden. Für Irritation sorgen vor allem die auf dem Diskus reliefartig gestalteten Bildsymbole. Vorder- und Rückseite sind mit Gravuren versehen und mit einzelnen Ornamenten, die durch lotrechte Striche getrennt sind. Am Scheibenrand befindet sich zudem ein Schlangensymbol eingraviert.

Über die Bedeutung der Zeichen gibt es verschiedene Mutmaßungen. Einer These zufolge soll die Evolution von der Amphibie zum Menschen darge-

Links: Embryologische Scheibe, Vorderseite. Rechts: Embryologische Scheibe, Rückseite

stellt sein. Tatsächlich sind biologische Details erkennbar, die verblüffen: Spermien, weibliche Eizellen, Geschlechtsteile, das befruchtete Ei, Fötus und der wachsende Embryo. Einzelne Szenen werden als Abbilder von Zellteilung und Froschwesen in verschiedenen Phasen interpretiert. Mediziner bestätigten den Eindruck, dass sich trotz einiger mythologischer Überfremdungen entscheidende Entwicklungsstadien des menschlichen Lebens erkennen lassen. Besonders auffallend sind bei allen Kopfstrukturen die weit außen liegenden Augen und das breite Nasensegment – ein Charakteristikum der frühen embryonalen Evolution.

Die Frage ist, wie Genetiker und Geburtshelfer der Vorzeit zu diesem Wissen gelangen konnten. Entsprechende Mikroskope, um die Vorgänge der Befruchtung detailliert sehen und festhalten zu können, gab es vor vielen Jahrhunderten – der offiziellen Lehrmeinung folgend – nicht. Wenn es sich um keine Fälschung handelt, was dann? Könnte der kuriose Fund von einer untergegangenen Hochkultur stammen, die im biologischen Wissen der Gegenwart ebenbürtig war? Gibt es Gemeinsamkeiten zu anderen genetischen Rätseln der Vorzeit? Etwa zu altägyptischen Darstellungen, die exakt einer Zellteilung in der Metaphase entsprechen? Die Abbildungen sind auf dem Papyrus des Khonsu-mes im Kunsthistorischen Museum in Wien zu sehen sowie auf dem Papyrus seiner Gemahlin im Pariser Louvre. Das seien bloß zufällige Ähnlichkeiten, sagen Ägyptologen (siehe Abb. S. 171).

Ist es wiederum nur Zufall, dass sich gentechnisches Wissen ebenso in mystisch-prophetischen Weisheitslehren wie dem altchinesischen I Ging finden lässt? Die Herkunft des Orakels ist genauso rätselhaft wie die Technik, mit der es durch die Jahrtausende hinweg angewandt wurde. Demnach entspricht der Aufbau der Erbinformation im genetischen Programm jedes Lebewesens exakt dem gleichen Grundmuster wie beim I Ging, nämlich der Aufsplitterung von zwei Grundelementen in vier Untergruppen. Könnte das I Ging einen verschlüsselten Code der wissenschaftlichen Erbinformation enthalten? Wenn ja, stellt sich die Frage, woher die alten Chinesen das wissen konnten? Wissen oder zufällige Gleichklänge? Die Frage stellt sich gleichermaßen bei sumerischen Rollsiegeln und Reliefplatten. Ihre Ab-

Reliefplatte mit Lebensbaum

bilder zeigen übermächtige Genien, die am wendelförmigen „Lebensbaum" experimentieren.

Die Ähnlichkeit mit den gespeicherten Erbinformationen in der DNA-Doppelhelix wird von Wissenschaftlern wiederum als Zufall gesehen. Die Erschaffung neuer Lebewesen, die in der Natur nicht existieren, ist heute mit der modernen Gentechnik keine Zauberei mehr. Seltsam nur, dass es in den Sagen und Mythen der Menschheit geradezu von „Göttern" – erkünstelten Mischwesen – wimmelt, die tierische und menschliche Attribute miteinander vereinen. Zufälligkeiten, Fabelwesen und Trugbilder? Oder vielleicht doch fantastische Erinnerungen an genetisches und biologisches Wissen aus ferner Vergangenheit? Die moderne Genforschung ist mittlerweile so weit fortgeschritten, dass die Schöpfung mutierter Superwesen eines Tages Wirklichkeit werden könnte. Bedenkliche Zukunftsvision oder wiederholte Geschichte?

Vergleich: Medizinische Grafik einer Zellteilung in der Meta-Phase

Die schwarzen Sutatausa-Steine

In dem nördlich von Bogotá liegenden Andenhochland Tausa und Sutatausa wurden viele Relikte geborgen, die sich mit dem Stil und den Motiven auf der „Embryologischen Scheibe“ decken. Der schwarze Gegenstand steht als archäologisches Relikt somit nicht völlig isoliert da, wie behauptet. In der Region liegen viele sakrale Stätten indianischer Urvölker. Um 500 v. Chr. bis zur Eroberung durch die Spanier war hier das Reich der Muisca angesiedelt, die zur indianischen Sprachgruppe der Chibcha gehörten. Sie bauten Salz, Smaragde und Gold aus Minen ab, bauten auf fruchtbarem Boden und lebten in Holzhäusern. Die spanischen Chronisten schätzten ihre Zahl auf etwa eine Million Menschen. Der Nachwelt haben einheimische Völker nicht nur wertvolle Kunstschätze hinterlassen, sondern ebenso Skulpturen, Steine mit Gravuren und Werkzeuge, deren eigentlicher Verwendungszweck von Archäologen nicht genau bestimmt werden konnte. Etliche Funde fallen durch ihre schwarze Färbung auf. Das verwandte Design zur „Embryologischen Scheibe“ wäre ein Indiz dafür, dass der Diskus von den Muisca oder ihren Vorfahren stammen könnte.

Vergleichsobjekte sind fein gearbeitete Utensilien in unterschiedlicher Formgebung. Sie messen nur wenige Zentimeter, manche sind wellenförmig, spitz wie Nadeln oder haben abgeflachte Elemente. Sie bestehen aus dunklem Kieselschiefer. Vermutet wird, dass sie eine rituelle beziehungsweise kultische Funktion hatten. Vieles jedoch spricht für einen praktischen Verwendungszweck: Die Gegenstände könnten von Präkolumbianern als Werkzeuge für filigrane Arbeiten verwendet worden sein, etwa bei der Bearbeitung von weichem Material wie Wachs für die Herstellung von Guss-

Musterbeispiel der Sutatausa-Relikte

formen. Oder es waren Instrumente für medizinische Eingriffe. Die Gegenstände sind jedenfalls so raffiniert und präzise in der Formgebung, dass sie bei der Anwendung und Handhabung ausgefeilter sind als viele heute gebräuchliche Gegenstände. Die ästhetische Form und die Geometrie sind von einer unglaublichen Perfektion. Mathematische Gestaltungsregeln, wie der „Goldene Schnitt", sind exakt wiedergegeben.

Zu den Sutatausa-Funden zählen auch Geburtsinstrumente. Ein Löffel aus Stein stellt eine Situation dar, die an den Austritt des Kopfes eines Kindes bei der Geburt denken lässt. Noch auffälliger ist die Aussage bei einem Messer, das möglicherweise für Kaiserschnitte verwendet worden ist. Der Griff zeigt die Strangulation eines Fötus. Dies kann so ausgelegt werden, dass der Hersteller damit zeigen wollte, dass es wichtig sei, einen Kaiserschnitt vorzunehmen, *bevor* der Fötus sich an der Nabelschnur stranguliert.

Neben raffinierten Werkzeugen sind es vor allem schwarze Steine in Form von Mutter-Kind-Idolen, Fruchtbarkeitssymbolen, Fröschen und Kaulquappen, die einen Kontext zum schwarzen Diskus erlauben. Etliche der aufgefundenen Relikte könnten als Arbeitsgeräte Verwendung gefunden haben. Andere enthalten schriftähnliche Botschaften, die bis heute kein Linguist entziffern konnte.

Statuette aus Sutatausa

Eine 15 cm hohe Kleinplastik aus schwarzem Stein verblüfft wiederum durch ihre perfekte harmonische Ästhetik. Man sieht eine Gestalt mit großen froschähnlichen Augen, die in einer Art „Lehnstuhl" sitzt. Eine kuriose Szene, die mancher Betrachter vielleicht mit dem nächsten Zahnarztbesuch assoziiert. Auf der Rückseite des Stuhls sind zwei Köpfe mit „Glupschaugen" herausgearbeitet, die im Stil erneut an die Abbilder auf der „Embryologischen Scheibe" und an Froschgesichter erinnern.

Das Gleiche zeigt eine weitere Miniatur. Sie misst im Durchmesser nur etwas mehr als 3 Zentimeter und zeigt drei menschenähnliche Gesichter mit verschiedenem Ausdruck. Der schwarze Stein ruht auf einer Unterlage. Setzt man sie in Bewegung, wird dem Betrachter der Eindruck eines Gesichtes vermittelt, das seinen Mund bewegt. Woher hatten die präkolumbischen Urvölker die Inspiration zur Herstellung solcher mechanischen Geniestreiche?

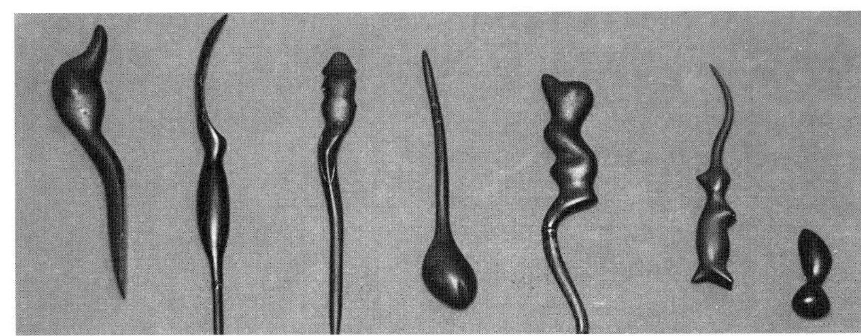

Nur wenige Zentimeter große Utensilien aus dem Urwald: Kaulquappen, Spermien oder raffinierte Werkzeuge?

Versunkene Welten

Als Kreativzentrum kommt ein geheimnisvoller Ort nördlich von Sutatausa infrage, den die Spanier *El Infiernito* (sinngemäß „kleine Hölle“) tauften. Die Indianer nennen ihn Sanquencipa. In prähistorischen Zeiten wurden von den Muisca oder ihren Ahnen tonnenschwere Steinmonolithen aufgerichtet. Über hundert davon wurden inzwischen freigelegt. Dabei handelt es sich um eine Gruppe von Monolithen in Phallusform, die in der Mythologie der Muisca Symbole der Fruchtbarkeit und des Lebens waren. Die gigantischen Säulen erinnern an ägyptische Obelisken und Pfeiler der Megalithkulturen. Sie sind teilweise mehr als fünf Meter hoch und haben einen Durchmesser von 70 cm. Archäologen haben herausgefunden, dass sie Bestand einer astronomischen Sternwarte gewesen sind, um Sonnenwenden und Tagundnachtgleichen anzuzeigen.

Im Gebiet der Muisca befindet sich auch die berühmte „Lagune de Guativita“, die mit der Überlieferung von „El Dorado“ („der Vergoldete“) verbunden ist. Der kleine kreisrunde See wurde einst von den Muisca als Heiligtum verehrt. In seinen Wassern mussten die Muisca-Häuptlinge baden, um die göttliche Weihe für ihr Amt zu erwerben. Zuvor ließen sie ihren Körper mit Öl und Goldstaub vergolden. Als Beweisstück für die Echtheit der Legende gilt das 18 cm lange Goldfloß von Eldorado, das 1969 von Bauern in einer Höhle der Muisca-Siedlung Pasca entdeckt wurde. Das kostbare Kleinod ist eines der ausgestellten Goldschätze im „Museo del Oro“ der „Banco de la República“ in Bogotá.

Muisca-Monolithen von El Infiernito in Kolumbien

1969 in einer Höhle der Muisca-Siedlung Pasca entdeckt: Miniatur-Goldfloß von Eldorado.

Der Vernichtungsfeldzug der erbarmungslosen Konquistadoren führte im 16. Jahrhundert zum Untergang der einheimischen Großreiche. Dennoch könnten im südamerikanischen Urwald noch unbekannte Siedlungen und vergessene Relikte auf ihre Entdeckung warten. Vielleicht sogar Vermächtnisse, die aus Epochen vor den Muisca stammen. Die ältesten Zeugnisse menschlicher Existenz in Kolumbien (zumindest jene von der Wissenschaft anerkannten Funde) wurden in El Abra bei Zipaquirá und in Tequendama bei Bogotá gefunden. Sie sind etwa 14 000 Jahre alt. Damals war die ganze Gegend um die kolumbianische Metropole noch ein großer See. Die Mythen der Chibcha-Indianer wissen von versunkenen Königreichen, lange vor den spanischen Eroberungen. Demnach hätte vor Urzeiten eine große Flut alles zerstört. Der Gott Chibchacun soll sie den Menschen geschickt haben, weil sie ungehorsam waren und die heiligen Gesetze nicht einhielten. Damit weist die Legende eine verblüffende Ähnlichkeit mit der biblischen Sintflut-Sage auf.

Einen weiteren Hinweis dazu liefern schwarze Steine in Form von Booten mit Tieren und Menschen. Sie stammen aus Bojacá und werden ebenfalls der Muisca-Kultur zugeordnet. Der Kunststil gleicht erneut dem Design der „Embryologischen Scheibe“. Es gilt das bereits Gesagte: Endgültige Klarheit über den Ursprung und Zweck des schwarzen Diskus und seinen genetischen Informationen sowie anderer damit vielleicht im Zusammenhang stehender Sutatausa-Artefakte können nur weitere wissenschaftliche Untersuchungen bringen. Eines aber gilt schon jetzt als gesichert: Die technischen Fähigkeiten untergegangener Kulturen waren weitaus fortschrittlicher, als es ihnen unsere Schulweisheit zugesteht.

KURIOSE KÖPFE

Unheimliche Schädelkulte, magische Häupter und die altamerikanische Multikulti-Kopf-Galerie

Jeder Kopf ist eine Welt.
Aus Kuba

Dämonische Fratzen

Kopf und Schädel sind Träger des Bewusstseins, des Ichs. Hier haben wir unsere Sinnesorgane, unser Gesicht und unsere Mimik und erinnern uns an Vergangenes. Im Oberstübchen denken und träumen wir. Der französische Philosoph René Descartes (1596–1650) brachte es scharfsinnig auf den Punkt: „Ich denke, also bin ich." Aber kennen und nützen wir wirklich alle unsere Fähigkeiten? Obwohl die Biomedizin große Fortschritte macht und Neurowissenschaftler sogar an der Entwicklung eines künstlichen Computerhirns basteln, sind die Erkenntnisse in diesem Bereich immer noch unzulänglich. Eine Reihe von Phänomenen, die sich jeder rationalen Erklärung entziehen – so auch paranormale Fähigkeiten wie Telepathie –, gehen möglicherweise auf noch verborgene Kräfte in unserer rechten Gehirnhälfte zurück. Wann wird das Undenkbare denkbar gemacht?

Medusenhaupt in der Istanbuler Yerebatan-Zisterne

Anthropologen nehmen an, dass Schädel, Kopf und Hirn bereits in alter Zeit als Einheit galten und als Sitz der Sinne sowie der menschlichen Kraft angesehen wurden. Mannigfaltige und unterschiedliche Formen von Schädelkulturen aus aller Welt, die bis in die Altsteinzeit zurückreichen, geben Zeugnis davon. Der Kopf als „oberste Weltsphäre" hat auch in vielen Mythen weltweit Niederschlag gefunden. Die Göttin der Weisheit, Athene, entsprang dem Haupte des Zeus. Dagegen war Medusa mit langen Eckzähnen und herausgestreckter Zunge das absolute Sinnbild des Schreckens. Ihre Haare trugen Schlangen, ihre Augen glühten und ihr Blick versteinerte jeden Mann. Dem Mythos zufolge hat ihr Perseus mittels einer List das Haupt abgeschlagen. In der beeindruckenden spätantiken Yerebatan-Zisterne in Istanbul sind steinerne Riesenköpfe der furchterregenden Medusa erhalten. Schädelkulte wirken bis in die Gegenwart und finden ihren Ausdruck im Volksglauben und Ahnenkult. Besonders ausgeprägt in Mexiko am Allerseelentag *Día de los Muertos*, wenn traditionell der Verstorbenen gedacht wird. Die ganze Stadt ist dann ein farbenfroher Friedhof mit Totenköpfen, geschmückten Skeletten, Girlanden, Blumen, Kerzen und buntem Zuckerwerk. In vorspanischer Zeit gewährten die Azteken sogar ihren Feinden einen Ort, an den die Geister zurückkehren konnten. Spanische Missionare versuchten vergeblich, das Fest der Ureinwohner abzuschaffen. Die pragmatische Lösung gelang, indem die alten Feste mit den christlichen Feiertagen Allerheiligen und Allerseelen zusammengelegt wurden. (Abb. S. 173)
Im Ahnenkult fast aller Kulturen nehmen Masken als Erinnerung an Verstorbene eine wichtige Funktion ein.

Schamanenstein aus Ecuador

Durch die bildliche Darstellung glaubte man, es könnte die Seele des Verstorbenen mit seinen noch lebenden Nachkommen in Verbindung treten. Bei religiösen Anlässen werden heute noch Masken und Tänze, die die Anwesenheit des Toten symbolisieren sollen, vorgeführt. Mit dem Sterben und den Jenseitsvorstellungen verbunden ist auch die Furcht vor dunklen und magischen Geistwesen. Seit Menschengedenken ist diese Phobie bekannt. Woher kommt das? Ursprünglich waren Dämonen gut und böse, wurden mit dem Allgemeinbegriff „Götter" zusammengefasst, galten den Totemgeistern wesensverwandt und traten oft in Tiergestalt oder als Mischwesen in Erscheinung. Erst in späterer Zeit wurden sie ausschließlich zum Sinnbild der Unterwelt und bedrohlicher Mächte. Dem Volksglauben nach sollen Abwehrzauber und Amulette vor ihnen schützen. Im Christentum ist es bis heute der Exorzismus, der Teufel und Dämonen aus dem Körper eines Besessenen vertreiben soll. Schamanen der Naturvölker soll dies durch die Kraft ihrer Fähigkeiten gelingen, mit der sie unliebsame Geister umstimmen und besänftigen.

Aus dem präkolumbischen Südamerika sind viele Kopfskulpturen, Begräbnismasken und Schamanensteine bekannt, die wie Horrorgestalten wirken: teuflische Zerrbilder, vampirähnliche Blutsauger und grinsende Ungeheuer. Eine Sammlung aus Kolumbien wirkt besonders unheimlich: Sie besteht aus mehreren Steinen, die bei schamanistischen Praktiken Verwendung fanden. Ein Exponat zeigt zwei unübersichtliche Tierfratzen. Aus dem Maul des einen Geschöpfes scheint ein anderes herauszuwachsen. Einheimische in Kolumbien erzählten mir, dass eine übersinnliche Kraft in diesem und anderen Steinen innewohnen soll. Schamanen wären imstande, diese verborgenen Energien zu aktivieren und zu nutzen, damit der Zugang zur Welt der Geister und Dämonen ermöglicht werde.

Präkolumbische Vampirfratze aus Ecuador

Von allen Steinen, denen magische Wirkung nachgesagt wird, sticht einer heraus, auf dem eine längliche Dämonenfratze dargestellt ist. Das Kinn zeigt Gravuren, die als Barthaare interpretiert werden können. Der Mund ist grinsend nach oben gezogen und fletscht die Zähne. Im Bereich unterhalb des Gesichtes sind auf beiden Seiten geometrische Symbole eingeritzt: Dreiecke, Kreise sowie unbekannte schriftähnliche Zeichen. Menschen, die mit dem Stein länger und intensiver in Kontakt kamen, berichten von Vibrationen, verstärkten Sinneseindrücken und Herzrasen. Dass der Stein offenbar eine starke Kraftquelle darstellt, konnte ich bei Tests mit Magnetometern am eigenen Leib erfahren. Einbildung oder metaphysischer Kontakt in andere Dimensionen?

Abnorme Langschädel

Zu den unheimlichsten Schädelkulten gehört das künstliche Deformieren von Köpfen. Die bizarre Praxis ist seit der Steinzeit bekannt und war besonders im Andenraum weit verbreitet. Sagenhaftes gibt es dazu in Peru zu bestaunen. Im „Museo Regional de Ica Adolfo Bermudez Jenkins" sind die außergewöhnlichsten Exemplare erhalten. Manche Schädel sind derart in die Länge gestreckt, dass man ihre menschliche Herkunft nicht recht glauben will. Deformierte Schädel sind weit über Südamerika hinaus ein globales Phänomen. Entsprechende Funde sind vor allem aus der altägyptischen Amarna-Epoche unter Pharao Echnaton belegt sowie aus dem ganzen Orient und dem „Reich der Mitte". Auch in Mitteleuropa war der Kult der Langschädel verbreitet, wie Funde in Awarengräbern aus dem 5. Jahrhundert belegen.

Der groteske Schädelkult wirft viele Fragen auf: Weshalb haben Menschen in der Frühzeit begonnen, Schädel zu deformieren? Welche davon könnten natürlichen Ursprungs sein? Warum findet sich der Kult weltweit, wo doch ein kultureller Austausch zwischen den Kontinenten in der Frühzeit – zumindest laut traditioneller Theorie – bestritten wird? Was trieb die Menschen auf der ganzen Welt dazu, so etwas zu tun? Was hat sie so beeindruckt, dass sie bereit waren, ihre Kinder einer qualvollen Prozedur zu unterziehen? Bis in neuerer Zeit war die Sitte, Schädel zu verformen, noch in Lappland, auf Kreta und im zentralafrikanischen Kongo üblich.

Die meisten Anthropologen erklären das weltumspannende Phänomen der künstlichen Schädeldeformierung als „Schönheitsideal" und „Elitezeichen". In jüngerer Zeit mag das tatsächlich so gewesen sein. Aber ursprünglich?

Schädel der unheimlichen Art aus Südamerika

Ein Teil der Maschine von Antikythera im archäologischen Museum in Athen

Linke Schädelseite des ca. 130 000 Jahre alten „Kabwe-Man" mit einem kleinen Loch, das wie eine Schusswunde aussieht

Goldener Hut von Etzeldorf, Mittelfranken, Süddeutschland; 1000 v. Chr.

Flugtests bewiesen, dass präkolumbische „Amulette" eine erstaunliche Aerodynamik besitzen.

Im Kunsthistorischen Museum in Wien und im Pariser Louvre werden altägyptische Papyri mit sonderbaren Darstellungen aufbewahrt. Diese erinnern an Zellteilungen in der Metaphase.

Mechanisches Froschgesicht: In Drehbewegung versetzt, scheint sich der Mund zu bewegen.

Kurioses Kultobjekt: Froschmensch im Lehnstuhl

Dämonenmaske aus Ecuador

Am Allerseelentag Día de los Muertos steht ganz Mexiko kopf.

Schamanenstein aus Ecuador

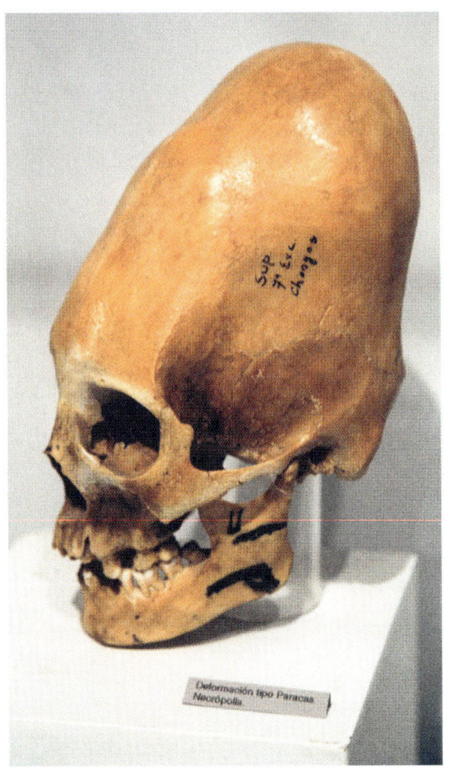

Deformierter Schädel der Paracas-Kultur aus Peru

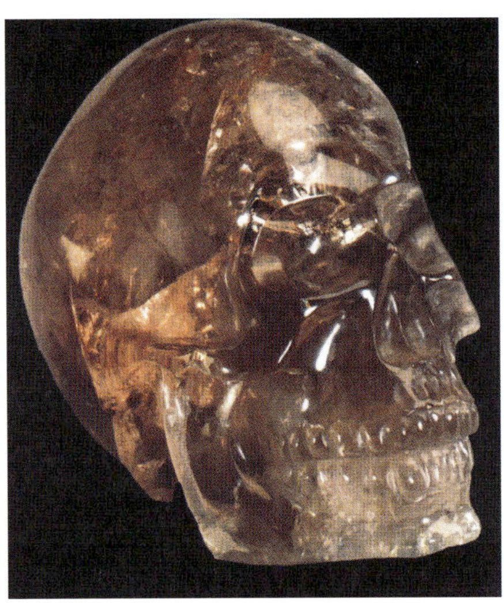

Nachweislich präkolumbisch: ein Edelsteinkopf aus Guatemala

Ein präkolumbischer „Ägypter“: Beweist er transatlantische Kontakte in alter Zeit?

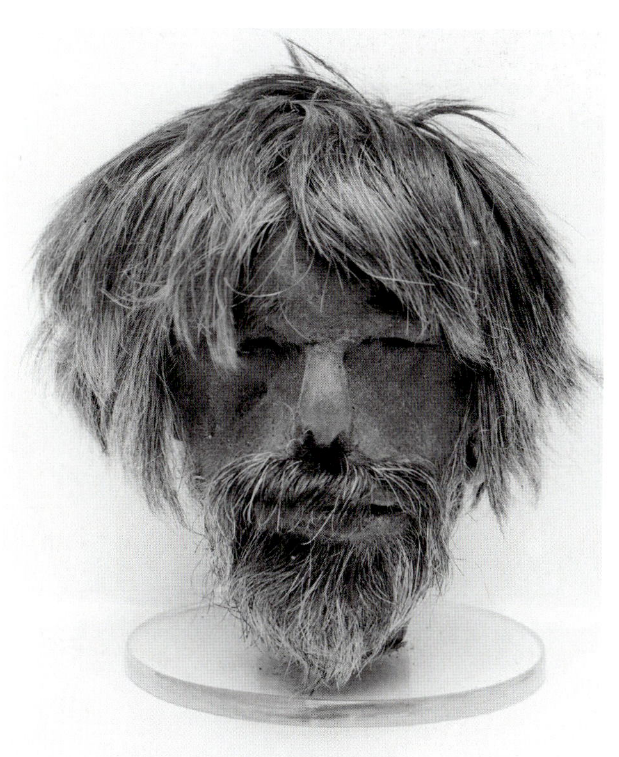

Historisches Foto eines bärtigen Mannes, mutmaßlich ein Europäer, der Opfer des makabren Schrumpfkopf-Kultes wurde.

Nahaufnahme vom „Ur-Perry Rhodan“

Olmekenfigur mit dem Aussehen eines Chinesen

Vergleichsfund aus einem Langobarden-Grab in Ungarn, Ende 4. Jahrhundert n. Chr. Weshalb haben weltweit Menschen unterschiedlicher Kulturen Schädel deformiert?

Gab es bestimmte Vorbilder, denen man nacheiferte? Wollte man so sein, wie man sich überirdische Götter vorstellte? War man ihnen vielleicht sogar begegnet?

Über die wahren Beweggründe können wir nur spekulieren. Unbestritten ist aber, dass unsere Vorfahren erstaunliche medizinische Kenntnisse besaßen und Kopfoperationen durchführten. Das zeigt sich am Beispiel operativer Eingriffe, die weit in prähistorische Zeiten zurückreichen. Belegt wird dies durch zahlreiche Skelette, die Trepanationen aufweisen. So nennt man operative Schädelöffnungen, die es nachweislich schon seit dem zehnten Jahrtausend v. Chr. gegeben hat.

Die chirurgischen Eingriffe erforderten mehr Wissen und Können als etwa die Amputation eines Beines oder das Einrenken einer Hüfte. Die Knochenfunde beweisen außerdem, dass über fünfzig Prozent dieser steinzeitlichen Schädeloperationen erfolgreich durchgeführt wurden. Zumindest insofern erfolgreich, als die Wunden wieder gut verheilten, die Patienten also überlebten. Schädeloperationen von gleicher Präzision fand man auch bei den Maya-Priestern in Mittelamerika sowie bei den „Medizinmännern" der Inka in Ecuador und Peru. Sogar künstliche Schädeldecken aus dünnem Metall wurden eingesetzt. Ein solches Unikat wird in der „Banco Central del Ecuador" in Cuenca aufbewahrt.

Der Rauchquarzkopf „E. T."

Der Faszination geheimnisvoller Schädel aus Kristall und anderen Edelsteinen kann sich kaum jemand entziehen. Sie gelten als glücksbringende Steine, die über heilende Strahlung und kosmische Energie verfügen. Besonders in den altamerikanischen Kulturen genossen sie große Verehrung. Von den Azteken weiß man, dass sie einen ausgeprägten Toten- und Schädelkult praktizierten. Einige Forscher vermuten, dass Kristallschädel der Befragung eines Totemorakels oder als Pforte zu schamanischen Reisen in die Unterwelt dienten. Die meisten Schädelfunde wirken überraschend modern und naturalistisch. In jüngster Zeit tauchen immer mehr dieser kristallenen Totenköpfe auf und werden gerne bei Seminaren als „Wissensspeicher" präsentiert.

Nachweislich präkolumbisch: Edelsteinkopf aus Guatemala

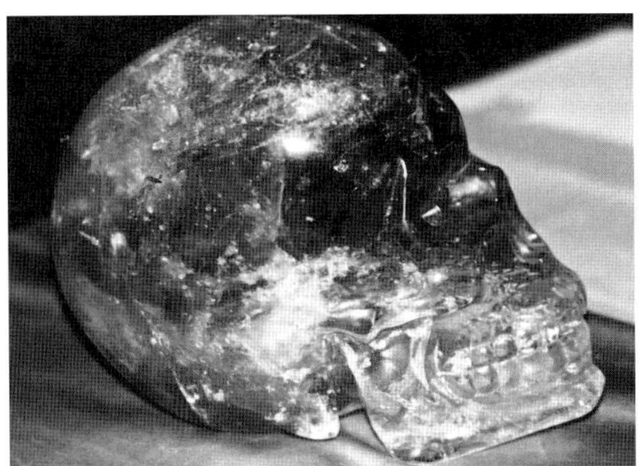

Über ihre Herkunft, Methoden der Bearbeitung und die Altersdatierung ist meist wenig bekannt. Das macht die Bewertung dieser Kunstwerke schwierig. Es ist unbestritten, dass die Künstler enormes handwerkliches Geschick bewiesen, um fein modellierte Gesichtszüge aus dem extrem harten Gestein zu arbeiten. Aber stammen die Schädel auch wirklich aus dem vorkolumbischen Amerika? Der Streit um den wahren Ursprung und die Echtheit der Kristallschädel hält bis heute an. Viele Wissenschaftler halten die glasklaren Köpfe für moderne Erzeugnisse, die im 19. Jahrhundert in der deutschen Kristallschleiferei Idar-Oberstein hergestellt wurden. Das gilt auch für den berühmtesten Kristallschädel, der angeblich aus Lubaantun in Belize stammen soll. Es heißt, er wurde 1924 von der damals 17-jährigen Anna Mitchell-Hedges (1907–2007), der Adoptivtochter des britischen Forschers Frederik A. Mitchell-Hedges, in einer Maya-Ruine gefunden.

Der Wiener Universitätsprofessor Dr. Rudolf Distelberger (1937–2011), ehemaliger Direktor der „Wiener Schatzkammer" und weltweit anerkannter Experte für Edelsteinbearbeitung, untersuchte den „Schädel von Lubaantun" 1982. Der Kunsthistoriker äußerte schon damals aufgrund der Schleiftechnik und der künstlerischen Gestaltung den Verdacht, dass hier keineswegs die Hand eines Maya am Werk gewesen sein kann.

Zu einem gegenteiligen und für ihn als Skeptiker überraschenden Ergebnis führte die Untersuchung an einem 5 kg schweren Rauchquarzschädel aus Guatemala. 1991 kaufte ihn die holländische Ex-Rennfahrerin Joky van Dieten und nannte ihn „E. T.", weil sein fremdartiges Aussehen eher an das eines Außerirdischen erinnert als an einen Menschen. Auffallend sind die Augen, die eine tiefe trichterförmige Bohrung aufweisen. Sie könnten ursprünglich mit Smaragden oder anderen Edelsteinen geschmückt gewesen sein, wodurch die magische Ausstrahlung des Schädels noch deutlicher zum Ausdruck kam.

Wie immer man über den Zauber der Kristalle denken mag: Dr. Distelberger stellte in seiner Analyse Unerwartetes fest. Der Kristallkopf ist zumindest 500 Jahre alt, wurde präzise mittels Handpolitur bearbeitet und stammt nicht aus Europa! Das Resümee des Wissenschaftlers und Edelsteinexperten: „Es wäre für einen Fälscher völlig unrentabel, in vieljähriger Arbeit einen solchen Schädel in Handarbeit zu polieren, um diese Form herzustellen. Ich kann nicht erklären, warum der Kopf so naturalistisch aussieht, fast wie ein europäischer Kopf, trotzdem schmäler und zugleich durch Handpolitur hergestellt mit Mitteln, die bei uns unüblich sind. Das ist das nicht zu lösende Problem bei diesem Stück, das vermutlich ziemlich lange unter der Erde lag."

Die kristallenen Schädel aus aller Welt insgesamt als „moderne Fälschungen" abzuqualifizieren wirkt also etwas kopflos. Dann müsste dieser Vorwurf konsequenterweise ebenso für viele andere verblüffende Kristallobjekte gelten, die nachweislich aus präkolumbischen Epochen stammen. Es sind keine Totenköpfe, aber der präzise Schliff und das Design haben ebenfalls die Qualität modernster Steinschneidekunst.

Dazu gehört ein 700 Jahre altes mixtekisches Kleinod aus Bergkristall. Es misst 9,5 cm in der Länge und wird als „duckendes Kaninchen" bezeichnet. Ausgestellt ist das Meisterwerk im „Museo Nacional de Antropología" in Mexiko-Stadt. Nicht weniger beeindruckend: ein 8,8 cm großer Kristallpokal, der gemeinsam mit winzigen Räderwerken, ebenfalls aus Bergkristall, in einem Grab der Zapoteken-Hauptstadt Monte Albán (800 v. Chr. bis 1250 n. Chr.) entdeckt wurde. Die in der Bearbeitung und Bedeutung rätselhaften Stücke werden im regionalen „Museo de las Culturas" in Oaxaca aufbewahrt. Genau genommen verlangt die Produktion nur weniger Zentimeter großer Artefakte noch wesentlich mehr Geschick als das Polieren lebensgroßer Kristallköpfe. Welche Methoden und Werkzeuge kamen dabei wohl zum Einsatz?

Präkolumbianische Miniaturen aus Bergkristall im Museo Nacional de Antropología, Mexiko- Stadt

Die Riesenköpfe der Olmeken

Die Arroganz der Europäer, sie hätten 1492 mit Christoph Kolumbus einen neuen Kontinent „entdeckt", empört die mit ihrer eigenen Vergangenheit vertrauten Amerikaner indigener Herkunft. Neue Lehrbücher räumen ein, dass etwa ein halbes Jahrtausend vor Kolumbus bereits die Wikinger amerikanischen Boden betreten haben und somit dem Admiral seinen ruhmreichen Titel „Entdecker der Neuen Welt" streitig machen. Ob die Wikinger wirklich die Ersten waren, darf ebenso bezweifelt werden. Viele jahrtausendealte Funde untermauern die These von der Existenz eines frühgeschichtlichen globalen Kulturaustausches über die Weltmeere. Wie lässt sich sonst erklären, dass in ägyptischen Mumien Reste von Cocablättern gefunden wurden, indische Tempel Abbildungen von Mais zeigen und sogar sprachliche Übereinstimmungen beiderseits des Pazifiks festgestellt werden können. Ein botanisches Argument gibt es auch: Der Flaschenkürbis, ursprünglich in Indien beheimatet, wurde vor 4500 Jahren im Norden Perus in Form von Gefäßen verwendet. Wie kam er dorthin?

Woher kamen die Olmeken? Bei diesem Idol aus Jade könnte man die Herkunft im Weltall vermuten. Offiziell stellt es einen „Olmeken-Priester" dar.

Viel Stoff zum Nachdenken geben die Hinterlassenschaften der Olmeken, deren Spuren 3700 Jahre in die Vergangenheit zurückreichen. Ihre Kulturzentren lagen in La Venta, Tres Zapotes und San Lorenzo Tenochtitlan an der südlichen Golfküste Mexikos in den heutigen Bundesstaaten Tabasco und Veracruz. Wo die Ursprünge der ersten Hochkultur Altamerikas liegen, ist unbekannt. Fest steht, die Olmeken entwickelten überwältigende Leistungen in der Steinbearbeitung, Religion und Wissenschaft. Sie hatten das erste Zahlensystem, einen komplizierten Kalender und eine eigene Hieroglyphenschrift, die es noch zu entziffern gilt. Umstritten ist der Verwendungszweck von Gegenständen, die technische Kenntnisse voraussetzen. Dazu gehören magnetische Metallstücke, die möglicherweise als Kompass benutzt wurden, indem man sie auf einer Unterlage ins Wasser legte oder in Quecksilber schwimmen ließ. Ist es Zufall, dass die Tempel der Olmeken nach Norden ausgerichtet sind? Waren die magnetischen Olmeken-Metalle Vorläufer der chinesischen Kompasse, die man für die ersten hält? Oder sind die Olmeken ohnedies über den Seeweg nach Altamerika eingewanderte Asiaten?

Das spektakulärste Erbe der olmekischen Zivilisation sind 17 erhaltene Kolossalköpfe aus Basalt. Manche sind über drei Meter hoch und haben ein Gewicht von 50 Tonnen. Die Herstellung und der Transport ist mit großem Aufwand betrieben worden. Die Umgebung der Olmekenzentren war Schwemmland und der nächste Basaltsteinbruch ist 125 Kilometer

Kolossalkopf der Olmeken im La Venta Park von Villahermosa in Mexiko

entfernt. Wie wurden die Steinriesen also herangeschafft? Mit Flößen, sagen die Fachexperten. Wie soll das ohne technische Zuhilfenahme in der Praxis erfolgreich funktioniert haben? Das Transportproblem betrifft nicht nur die Kolossalköpfe. Gleiches gilt für gewaltige Steinaltäre, riesige Stelen und Sarkophage. Und wen stellen die Porträts überhaupt dar? Archäologen tippen auf „Gesichter von Herrschern oder Priestern". Überzeugend? Nicht wirklich. Die Physiognomie mit platter Nase und dicken Lippen lässt an negroide Herkunft denken, während die übliche Olmekenkunst aus Jade und Obsidian asiatisch anmutet. Beides ist für Altamerika untypisch. Es gibt aber noch ein Indiz, das gegen „Herrscherporträts" spricht: Archäologen fanden einige massive Steinköpfe metertief unter der Erde. Sie wurden offenbar von den Olmeken absichtlich vergraben. Sind die fremdartigen Riesenköpfe vielleicht rituell bestattet worden?
Wer den gigantischen Steingesichtern ins Antlitz blicken möchte, hat in Villahermosa im Freilichtmuseum „Parque de La Venta" und im „Museo Regional Antropología e Historia Carlos Pellicer Cámara" Gelegenheit dazu. Weitere mysteriöse Riesenköpfe sind in Mexiko-Stadt im „Museo Nacional de Antropología" und im „Museo de Antropología de Jalapa" ausgestellt.

Multikulti vor Kolumbus

Die negroiden Kolossalköpfe aus Altamerika sind nicht die einzigen Zeugnisse, die auf frühe Handelsbesuche von Übersee hinweisen. Von der Öffentlichkeit weitestgehend unbeachtet lagern ungewöhnliche Miniaturausgaben in den Museumsarchiven der ecuadorianischen Hauptstadt Quito. Besonders die Schätze im „Museo de las Culturas Aborigines“ und im „Museo Weilbauer“, das zum archäologischen Institut der Katholischen Universität gehört, sind sehenswert. Es ist schlichtweg atemberaubend, was es hier in den Schauräumen zu entdecken gibt: prähistorische Statuetten und Kopfminiaturen, deren Stil mit polynesischen, ägyptischen, afrikanischen, chinesischen, phönizischen und europäischen Gesichtsmerkmalen übereinstimmen. Kann das wirklich nur Zufall sein? Wie sollten die Ureinwohner Ecuadors die charakteristischen Züge eines Menschentyps meisterhaft wiedergegeben haben, der ihnen völlig unbekannt war?

Büste aus Südamerika. Wer hätte gedacht, dass die ägyptische Nofretete eine altamerikanische Cousine hat?

Die Galerie der Menschentypen aus verschiedenen Erdteilen ist kurios. Unter den gezeigten Objekten fällt ein Kopf mit charakteristischem Haarschnitt auf, der auch das Outfit moderner Punkrocker inspiriert haben könnte. Man gewinnt den Eindruck, ein nordamerikanischer Irokese hätte im Dschungel von Ecuador Porträt gestanden. Merkwürdig: Der gleiche „Indianer“ ist mehrmals als unverstandene Bildhieroglyphe auf dem berühmten „Diskus von Phaistos“ zu sehen. Dieses altgriechische Relikt ist einzigartig und kann im „Archäologischen Museum“ in Iraklio auf der Insel Kreta besichtigt werden.

Ein weiteres Köpfchen aus Ecuador weist auf frühe Kontakte in den Mittelmeerraum hin. Es hat einen helmartigen Aufsatz, der an einen römischen Legionär erinnert. Viele Keramikgesichter zeigen auffallende negroide Mienen. Die Figuren allein wären noch nicht rätselhaft, aber ihr Alter sehr wohl: La-Tolita-Kultur, 600 v. Chr. bis 400 n. Chr. Nach der bisherigen historischen Auffassung gelangten Männer dunkler Hautfarbe erst Anfang des 16. Jahrhunderts nach Amerika – damals unfreiwillig als Sklaven. Es ist historisch belegt, dass an phönizischen und ägyptischen Entdeckungsfahrten auch Menschen schwarzer Hautfarbe teilnahmen. Scheint es so abwegig, anzunehmen, dass einige hervorragende Seefahrer mit ihren Galeeren schon in der Vorzeit bis nach Amerika segelten und dort ihre Spuren hinterlassen haben?

Keramikköpfe mit asiatischen Gesichtszügen fehlen auch nicht. Einige davon werden der Chorrera-Kultur (ab 1500 v. Chr.) zugeschrieben. Diese archäologischen Funde scheinen zu bestätigen, dass zwischen Asien und Amerika frühe Verbindungen über die Ozeane hinweg bestanden haben.

Präkolumbianischer „Wikinger“

Das zeigt sich vor allem im Vergleich von Ornamenten und Verzierungen. Besonders die Funde aus der chinesischen Tschou-Dynastie liefern einen praktisch identischen Stil zur Chavin-Kultur in Peru sowie anderen südamerikanischen Urvölkern. Gleiches gilt für „Drachenbüsten“ der Tumaco-Kultur (500 v. Chr. bis 500 n. Chr.) aus gebranntem Ton. Wüsste man es nicht genau, würden Betrachter die Exponate als „chinesische Himmelsdrachen“ klassifizieren. Unter den ausgestellten Stücken im „Museo Weilbauer“ befindet sich auch ein nackter rötlicher Torso in Ton. Er ist mit Symbolen verziert, die an chinesische Bandornamente erinnern. Rot war zudem in China die Farbe des alten Reiches Tschou und kann auch „nackt“ bedeuten.

Das erinnert an eine alte Überlieferung aus China: Sie berichtet von einer Expedition des Hui Shen und vier weiteren buddhistischen Mönchen, die 459 n. Chr. mit einer Dschunke aufgebrochen sein sollen, um das Land „Fusang“ zu suchen. Der Legende nach soll es sich hierbei um ein sagenumwobenes irdisches Paradies gehandelt haben, das auf der anderen Seite des östlichen Ozeans gelegen habe.

Eine weitere Spur aus Übersee liefert die Valdivia-Kultur. Sie entstand um 3500 v. Chr. an der südlichen Küste Ecuadors, in der Umgebung des heute unscheinbaren Fischerdorfes Valdivia. Sie hat die beste Keramik Lateinamerikas hervorgebracht. In den 1950er-Jahren grub man eine Fülle fingerlanger Tonfiguren aus und stand vor einem Rätsel. Die Stücke waren alle sehr kunstvoll gearbeitet, aber es konnte keinerlei Entwicklung in der Töpferkunst festgestellt werden. Der Schluss daraus: Die Kultur, deren Zeugnisse diese Keramiken waren, entstand nicht in Valdivia, sondern wurde von

Präkolumbische Ägypter?

einem anderen Ort dorthin gebracht. Sie kamen offensichtlich als Importware aus Japan! Der Beweis: Die Muster auf Keramiken der wenig älteren japanischen Jomon-Kultur ähneln der Valdivia-Kultur so sehr, dass nicht einmal Spezialisten die Stücke unterscheiden können. Da verwundert es auch nicht, dass modellierte Menschenfiguren der Valdivia-Kunst asiatischen Gesichtern gleichen.

Noch mehr Multikulti belegen plastische Kopfminiaturen aus Mittel- und Südamerika, die Männer mit Bärten, antiken Kopfbedeckungen und europäischen sowie phönizischen Gesichtszügen zeigen. Dazu zählen Keramiken der Moche-Kultur in Peru sowie Funde aus der Maya-Ruine von Comalcalco und der Zapoteken-Stätte Monte Alban in Mexiko. Ein Köpfchen, das nur wenige Zentimeter misst, ist besonders charakteristisch: Es wurde 1933 in Mexiko-Stadt in einer unversehrten Grabkammer entdeckt, zeigt einen vollbärtigen Mann und lässt an einen Germanen oder Römer denken. Das Kunstwerk unterscheidet sich völlig von präkolumbischen Arbeiten, stammt aber nachweislich aus der Zeit vor Kolumbus.

Selbst orientalischer Einfluss scheint bei manchen Figurinen mit „Pharaonen-Kopfbedeckung" möglich. Aus der präkolumbischen Tiahuanaco-Kultur nahe dem Titicacasee in Bolivien stammt eine 15 cm hohe Porträtbüste. Die unbekannte Dame trägt einen hohen Kopfaufsatz. Das Bildwerk erinnert an die prominente Büste der Nofretete, die im „Ägyptischen Museum" auf der Museumsinsel in Berlin ausgestellt ist. Wurde Amerika also schon vor Kolumbus entdeckt? Der britische Schriftsteller Oscar Wilde (1854–1900) zweifelte keinen Augenblick daran: „Natürlich, und zwar oft. Es wurde nur immer vertuscht."

Schauderhafte Schrumpfköpfe

Die meisten Multikulti-Kopfminiaturen stammen aus dem Regenwald von Ecuador. In dem großen Gebiet liegen Hunderte Höhlen und Steinruinen aus der Vor-Inka-Zeit, die noch nicht vollständig erforscht sind. Die Möglichkeit, dass Archäologen eines Tages auf Hinterlassenschaften unbekannter Kulturen stoßen, vielleicht sogar die Herkunft von Pater Crespis Metallbibliothek aufspüren, ist nicht so gering. Derzeit aber fehlt das Geld für ausgedehnte Expeditionen. Welchen Zweck erfüllten in diesem Zusammenhang die kleinen Keramikköpfe? Wie erklären sich ihre Gesichter, die für altamerikanische Völker untypisch sind?

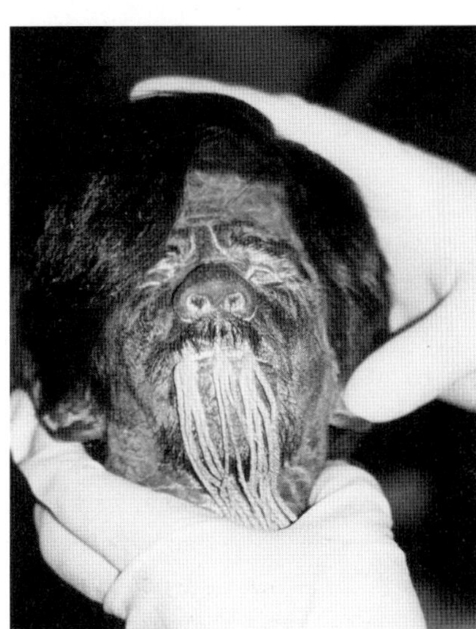

Schrumpfkopf der Jivaroin, Ecuador

Archäologen, die der These von frühen globalen Kulturkontakten nicht folgen wollen, glauben an Symbole der „Kopfjagd" und des „Seelengangs". Bekannt ist, dass bei einigen Stämmen Südamerikas die Kopfjagd als Teil übernatürlicher und ritueller Handlung angesehen wurde. Die Aquaruna und die Shuar (beide gehören zur Sprachfamilie der Jivaro) praktizierten in Ecuador diese schaurige Tätigkeit bis hinein in die Sechzigerjahre des 20. Jahrhunderts. Die Schrumpfköpfe getöteter Menschen heißen bei ihnen Tsantsa. Ihre Herstellung erfolgte, indem die Kopfhaut von Knochen und Muskeln abgetrennt wurde. Danach hat man den Kopf von innen vernäht und mit heißem Sand gefüllt. Durch Erhitzung wurde das Kollagen der Kopfhaut verleimt und der Schrumpfungsprozess trat ein.

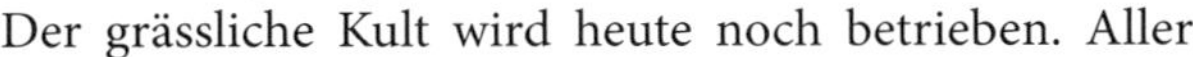

Der grässliche Kult wird heute noch betrieben. Allerdings verwenden die Indios keine Menschenköpfe mehr, sondern Häupter von Faultieren. In früheren Zeiten war die Kopfjagd nach Vorstellung der Ureinwohner eng mit dem Besitz zweier Seelen – Arutam und Muisak – verknüpft. Während Arutam dazu befähigt war, sich einer Kopfjagdexpedition anzuschließen, war es die Aufgabe Muisaks, den Tod ihres Besitzers zu rächen. Doch wenn der Kopf eines Leichnams schrumpfte, wurde Muisak unweigerlich in ihn hineingezogen und besaß nicht mehr die Kraft, aus ihm zu entweichen. Bei meiner Nachforschung in den Archiven der „Banco Central del Ecuador" wurde für mich ein Depot geöffnet, in dem originale Schrumpfköpfe lagern und konserviert werden. Ein gruseliger Anblick. Makabre Musterexponate sind im „Museo de América" in Madrid, im „Science Museum" in London und im „Pitt Rivers Museum" in Oxford öffentlich ausgestellt.

Mitunter werden Schrumpfköpfe noch heute in Kuriositätenläden oder Auktionshäusern angeboten. Zuletzt im Frühjahrskatalog 2015 eines Münchner Auktionshauses, wo ein „schön erhaltener, eindrucksvoller Schrumpfkopf"

Schrumpfkopf-Galerie in der Auslage eines Kuriositäten-Ladens in Seattle, Washington

versteigert werden sollte: Mindestgebot 2 500 Euro. Ein Kunstobjekt? Ein Artikel wie ein präpariertes Tier? Oder doch ein Leichenteil, der begraben werden sollte? Die Stadt München sah in dem fragwürdigen Vorhaben eine Verletzung des Bestattungsrechtes und untersagte die Versteigerung.

Welche Rolle spielen die ausländischen Kopfminiaturen aus südamerikanischen Höhlen? Sind sie Abbilder von menschlichen Schrumpfköpfen? Möglich wäre es, aber es erklärt immer noch nicht die Vielfalt kultureller Physiognomie.

Der Urvater von „Perry Rhodan“

Nahaufnahme vom „Ur-Perry Rhodan“

Nicht alles kann mit dem bizarren Kult der „Kopfjagd“ befriedigend erklärt werden. Es ist vor allem die utopisch anmutende Kostümierung, die bei manchen Funden irritiert. Mir jedenfalls ist kein geschrumpfter Trophäenkopf bekannt, der einen geschlossenen „Astronautenhelm“ trägt. Solche Merkwürdigkeiten gibt es aber jede Menge, und zwar weltweit in Form prähistorischer Plastiken und Felsbildkunst. Das „Museo Weilbauer“, als Teil einer Universität, ist völlig unverdächtig, „prä-astronautik-“ oder „Däniken-gläubig“ zu sein. Und doch beherbergt gerade diese Sammlung eine Fülle an seltsamen Kleinodien, die sich in Weltraumadjustierung präsentieren. Offiziell sind es „Schamanen“ und „Kuriositäten“.

Ein galaktischer Typ hat es mir besonders angetan. Als ich ihn bei meinem ersten Museumsbesuch im Jahre 2000 in einer Vitrine erblickte, konnte ich kaum glauben, was ich sah: ein Miniaturköpfchen mit geschlossenem Helm, das nicht mehr als vier Zentimeter misst. Sein Aussehen gleicht verblüffend der vorzeitlichen Vorlage des berühmten Science-Fiction-Helden „Perry Rhodan“, der seit 1961 als wöchentlicher Fortsetzungsroman galaktische Abenteuer bestreitet. Das Köpfchen wird der La-Tolita-Kultur zugeschrieben. Sein Alter konnte mit der Radiokarbondatierung ermittelt werden: 2500 Jahre! Irrtum ausgeschlossen. Was aber hat ein nachweislich präkolumbischer „Raumfahrer“ im Dschungel von Ecuador verloren? Archäologen erklärten mir, dass er ursprünglich vermutlich „kultischen Zwecken“ gedient habe. Das befremdliche Aussehen wird mit dem „Jaguarkult“ assoziiert, der bei den religiösen Anschauungen und Mythen in Mittel- und Südamerika weit verbreitet war. Demnach handelte es sich um eine „anthropomorphe Darstellung des Jaguars, eines übernatürlichen Zwitterwesens, halb Mensch, halb Katze“. Zeremonienmeister hätten sich Jaguarkostüme angezogen und Helmmasken über den Kopf gestülpt und so der Jaguar-Verehrung Ausdruck verliehen.

Perry-Rhodan-Logo zum Vergleich

Fragt man bei Altamerikanisten weiter, wer nun dieser legendäre „Jaguar“ eigentlich war, verliert sich die Spur im Dunkel der Geschichte. Über die Mythen der südamerikanischen Völker sind wir nur lückenhaft informiert. Es sind vorwiegend mündliche Berichte einzelner Stämme sowie eine Vielzahl von archäologischen Funden, die mit der Vorstellung göttlicher Wesen in Verbindung gebracht werden. Zum Beispiel erzählen die Machinguenga-Indianer im peruanischen Amazonas von „Menschen im Himmel, die auf einer strahlenden Himmelsstraße auf die Erde kamen". Könnte es sein, dass sich solche Legenden auf erlebte Begebenheiten frühzeitlicher Kontakte zwischen Menschen und fremden „Himmelswesen" beziehen? Ist das behelmte Köpfchen im „Museo Weilbauer" eine modellierte Erinnerung an ehemals überirdische Kontakte? Egal, ob nun vorzeitliche Besucher aus dem Kosmos, anthropomorphe Ausgeburten der Fantasie, Schamanen in ihrer Kluft oder nach jüngster These altertümliche Taucher – faszinierend und fantastisch sind solche Entdeckungen auf jeden Fall.

Die Pointe zu guter Letzt: Als ich 2003 Perry-Rhodan-Gründungsautor Walter Ernsting alias Clark Darlton (1920–2005) in seiner Salzburger Wohnung besuchte, zeigte ich ihm eine Abbildung „meines" kleinen steinalten „Perry-Kopfes". Und wie reagierte Walter Ernsting? Nach einem kurzen Blick auf die Figur rief der Zukunftsdenker spontan und mit gespieltem Ärger: „Waaas? Haben die Halunken damals auch schon meine Ideen geklaut?" Und verschmitzt fügte er hinzu: „Na ja, ich lasse halt überall etwas herumliegen – und nachher finde ich es nicht mehr wieder …"

Eine von vielen ähnlichen Statuetten aus Ecuador: Fabelgestalt, kostümierter Schamane oder Astronautengott?

Dreiköpfigkeit und der Basler Baphomet

Menschen können leicht ihren Kopf verlieren. Das gilt nicht nur für liebestolle Zeitgenossen. Aus Furcht, kopflos zu werden, legten die Ägypter im alten Reich häufig einen lebensgroßen Ersatzkopf mit ins Grab. Die meisten derartigen Funde stammen aus Giseh, Sakkara und Abusir. Kopflose Gesellen sind im Zusammenhang mit religiösen Glaubensvorstellungen keine Seltenheit. In der Christenwelt spielten sie schon immer eine besondere Rolle. Das zeigen uns Bildwerke von Märtyrern, die ihr abgetrenntes Haupt in Händen halten, oder Kopfreliquien einzelner Heiliger. Ein bekanntes Motiv ist das abgeschlagene Haupt von Johannes dem Täufer auf einer Schüssel. Der jüdische Prediger und Wegbereiter von Jesus müsste mindestens drei Köpfe besessen haben. Behaupten doch mehrere Orte, den Schädel des Heiligen als Reliquie zu besitzen: die Kirche San Silvestro in Capite in Rom, die Kathedrale von Amiens im französischen Département Somme und die Omayadden-Moschee in der syrischen Hauptstadt Damaskus, die in vorislamischer Zeit die Johanniskathedrale war.

Johannisschüssel im deutschen St. Johann in Rot an der Rot, Baden-Württemberg. Wären alle Kopfreliquien von Johannes dem Täufer authentisch, müsste der biblische Prophet mindestens drei Köpfe besessen haben.

Was überrascht: Das ikonografische Motiv der Dreiköpfigkeit gibt es tatsächlich. Es wird mit der Vorstellung einer dreigegliederten Einheit gesehen oder von drei göttlichen Personen, die zusammen eine Einheit bilden. Die christliche Theologie erkennt in der Trinität die Dreifaltigkeit von „Vater" (Gottvater), „Sohn" (Jesus Christus) und „Heiliger Geist". Die Symbolwelt der Dreiheit ist aber keine „Erfindung" des Christentums. Im Hinduismus kennt man die Götterdreiheit Brahma, Vishnu und Shiva. Sie bilden als Schöpfer, Erhalter und Zerstörer von Welt und Leben eine Einheit und werden bildhaft mit drei Köpfen dargestellt. Die Ägypter wiederum wussten gleich von mehreren göttlichen Dreiheiten: Im Neuen Reich in Theben verehrte man zum Beispiel Gott Amun, seine Gemahlin Mut und deren Sohn, den Mondgott Chons. Auch Isis, Osiris und Horus bilden eine Dreiheit, die durch die drei Seiten des rechtwinkeligen Dreiecks symbolisiert wurde. Eine weitere Dreiheit ist im Leidener Amun-Hymnus aus dem 14. Jahrhundert v. Chr. überliefert: „Drei sind alle Götter: Amun, Re und Ptah, keinen gibt es ihresgleichen. Verborgen ist sein Name als Amun, als Re wird er wahrgenommen, sein Leib ist Ptah."

Es gibt noch einen Erklärungsansatz für die Darstellung von dreigesichtigen Gottheiten. Sie führt zum legendären Götzenbild der Templer. Man nannte es „Baphomet", das angeblich als „Idol" verehrt wurde. Beim Prozess gegen

Göttliche Dreikopf-Einheit im Hinduismus: Brahma, Vishnu, Shiva

die Templer anno 1307 in Südfrankreich war das einer der Hauptanklagepunkte. Doch bis heute kann kein namhafter Historiker schlüssig erklären, woher die Ankläger diesen Vorwurf der Ketzerei bezogen haben. Genauso liegt im historischen Dunkel, was mit dieser Götzenanbetung in Gestalt eines „dreigesichtigen Kopfes" eigentlich gemeint war. Die Spekulationen reichen von einer Verballhornung des Namens Mohammed bis zur Maschine außerirdischer Herkunft und einer Verbindung zum Mythos vom Heiligen Gral.

Verborgenes gibt es dazu im Münster der Schweizer Kulturmetropole Basel zu entdecken. Das imposante Gotteshaus aus dunkelrotem Sandstein erhielt seine jetzige Gestalt im 12. Jahrhundert. Zu Füßen der Kanzel liegt das mysteriöse „Drachenmedaillon". Es wird aufmerksamen Kirchgängern nicht verborgen bleiben. Abgebildet ist ein geflügeltes Drachenwesen in einem Doppelkreis. Sein Haupt ist mit roter Farbe hervorgehoben, während der übrige Körper schwarz gezeichnet ist. Um 1170 soll dieses vorchristliche Motiv im Boden eingelassen worden sein. Warum, weiß niemand. Die offizielle Deutung lautet unbewiesen „Sinnbild des Bösen".

Noch merkwürdiger ist eine kleine Steinplastik, von der selbst Historiker und Einheimische kaum Notiz genommen haben. Sie befindet sich gut versteckt im Chor am Boden der Säulenkapitelle. Das Rätsel in Stein hat einen markanten Kopf, der drei bärtige Gesichter miteinander vereint. Mit den Händen umfasst die Gestalt die Enden ihres fischschwänzigen Körpers. Die Wiedergabe eines mythologischen Fabelwesens? Was wollte der Bildhauer damit zum Ausdruck bringen? Auf manchen Kirchenfassaden, wie dem

Kuriose Dreifaltigkeit, Baphomet oder bärtige Nixe?

Großmünster von Zürich oder dem ehemaligen Schottenkloster St. Jakob in Regensburg, lassen sich fischschwänzige Nixen aufspüren, die recht freizügig ihre Nacktheit zur Schau stellen. Für ein Gotteshaus seltsam genug. Aber weshalb ist die „Wasserfrau" von Basel ein Mann mit drei Bärten und drei Gesichtern? Ist es ein sonderbares Abbild christlicher Dreifaltigkeit? Wenn ja, warum mit Fischschwänzen und verborgen vor der Öffentlichkeit? Oder hat sich ein altes heidnisches Symbol ins Basler Münster verirrt? Die Symbolisierung der Dreiheit durch eine menschliche Gestalt mit drei Köpfen oder einem Kopf mit drei Gesichtern ist auch aus der „heidnischen" Mythologie der Kelten bekannt. Kann es Zufall sein, dass der Münsterhügel, dort wo das Basler Wahrzeichen thront, einst ein heiliger Hain und keltischer Richtplatz gewesen ist? Stadtarchäologen haben die vergessenen Fundamente der Keltenzeit freigelegt.

Wer der Spur des geheimnisvollen Hauptes mit drei Gesichtern folgen möchte, hat in Basel nahe dem Münster eine zweite Gelegenheit dazu: In einem Seitenschiff der Peterskirche, deren Anfänge ins 13. Jahrhundert zurückreichen, ist ein großes farbiges Wandfresko zu bestaunen. Es zeigt wiederum das Motiv einer männlichen Gesichtstriade. Heilige Dreifaltigkeit? Erinnerung an Baphomet? Oder keltische Religion im christlichen Gewand? Wer knackt die letzten Kopfnüsse? Für alle noch zu lösenden Menschheitsrätsel gilt der Appell des englischen Kunsthistorikers Henry Thomas Buckle (1821–1862): „Erst zweifeln, dann untersuchen, dann entdecken!"

Abgesang

Künftige Ereignisse werfen ihre Schatten voraus.
Thomas Campbell (1777–1844), schottischer Dichter

Vom großen Wissensschatz unserer Ahnen blieben nur Fragmente übrig. Wie bei einem Puzzlespiel müssen die Teile oft erst mühsam von Altertumsforschern zusammengesetzt werden. Da bedeutende Stücke des Mosaiks fehlen, bleibt das Bild über unsere Vergangenheit zweifelhaft und unverstanden. Wir, die oberschlaue Spezies „Homo sapiens", sind für die Lücken in unserer Chronik mit verantwortlich. Wir wären heute mit unseren Erkenntnissen längst weiter, wenn wir nicht so engstirnig und moralisch unfähig wären. Irgendetwas muss bei der menschlichen Schöpfung ordentlich danebengegangen sein. Wie sonst ist es zu erklären, dass der treueste Begleiter der Menschheitsgeschichte die Zerstörung ist? Seit Kain und Abel schlagen wir uns gegenseitig hasserfüllt die Köpfe blutig, vernichten unser gemeinsames Kulturerbe, zerstören einzigartige Schätze und bedeutende Schriftzeugnisse, plündern, morden und rauben menschliche Lebensleistung. Immer geht viel verloren. Unwiederbringlich.

Präkolumbischer Denker: Was nun, Homo sapiens?

In der Bibliothek von Alexandria lagerte das gesamte Gedächtnis der antiken Welt. Bis zu Julius Cäsars Regentschaft, da verbrannten 700 000 Schriftrollen in einem lodernden Flammenmeer. Das Gerettete überlebte bis 389 n. Chr. und wurde dann von religiösen Fanatikern dann endgültig vernichtet. Wie viel hätte die Menschheit aus dem Wissen der antiken Universalgelehrten lernen und davon profitieren können?

Wir werden es nicht mehr erfahren. Für uns verloren sind auch die Weisheit und das Kulturgut der amerikanischen Ureinwohner. Mit der grausamen Eroberung und Christianisierung durch den weißen Mann folgte im 16. Jahrhundert ein unfassbarer Kulturvandalismus. Unsagbare schriftliche und mythologische Wertstücke der Maya und Azteken fielen der Ausrottung anheim. Goldgierige Söldner erledigten den Rest, sie plünderten die wertvollen Besitztümer der Ureinwohner.

Gegenwärtig sind wir erneut fassungslose Zeitzeugen einer menschenverachtenden Zerstörungswut von Barbaren. Die Dschihadisten-Miliz „Islamischer Staat" (IS) duldet keine Zeugnisse anderer Religionen. Alles was aus der Sicht der Fanatiker als „unislamisches Götzenbild" gilt, wird ausradiert, geplündert oder am Schwarzmarkt aus purer Profitgier verkauft. UNESCO-Weltkulturstätten wie Palmyra, vorislamische Tempelanlagen und babylonische Grabstätten werden dem Erdboden gleichgemacht. Andersdenkende, weltoffene Menschen, die sich dem IS-Diktat nicht beugen wollen, werden verfolgt, versklavt oder massakriert. Man sollte meinen, der „vernunftbegabte" Mensch hätte im 21. Jahrhundert genug Grips angesammelt, um aus den Katastrophen und Fehlern der Vergangenheit gelernt zu haben. Davon ist angesichts des täglichen Terrors und der Zerstörungen nichts zu bemerken.

Die Welt scheint aus den Fugen geraten. Man muss kein apokalyptischer Reiter sein, um zu erkennen, dass irgendwann unsere Zivilisation nicht mehr bestehen wird. Gefahrenpotenzial gibt es zur Genüge. Die NASA hat 2015 eine neue beunruhigende Datenauswertung zum Anstieg der Meeresspiegel vorgelegt. Demnach dürfte der Pegel der Weltmeere im Zuge des Klimawandels um mindestens einen Meter in den kommenden hundert Jahren steigen. Die Streitfrage, ob die Erderwärmung natürliche Gründe hat oder durch den Menschen verursacht wird, ändert daran nichts. So oder so könnten demnächst größere Probleme auf uns zukommen, wenn bewohnte Küstengebiete verschwinden. Addiert man dann noch einen Meteoriteneinschlag hinzu, mehrere Vulkanausbrüche oder eine „kleine Atomkatastrophe", dann könnte die Welt schon bald ganz anders aussehen. Was bleibt dann in Zukunft von der „Krone der Schöpfung" übrig? Wahrscheinlich nicht viel. Die Haltbarkeit unseres gespeicherten Wissens auf elektronischen Datenträgern ist bekanntlich sehr kurzlebig. Wie würde eine zukünftige Spezies die spärlichen Hinterlassenschaften unserer „spätklassischen Plastikkultur" deuten? Splitter einer CD-Rom als „magisches Amulett"? Fragmente eines Computers als „mystischer Zauberspiegel"? Würden Stromkabel als „Kultschlangen" oder „anthropomorphe Würmer" interpretiert werden? Und Überreste einer WC-Muschel als „heiliges Opferbecken für rituelle Waschungen"? Überall Kult und Magie? Oder doch technisches Wissen, das irgendwann durch menschliches Unvermögen, kriegerische Konflikte und globale Naturkatastrophen verloren ging? Wie oft ging die Zivilisation bereits unter? Ist nach der Sintflut vor der Sintflut?
Der deutsche Komiker und begnadete Wortkünstler Karl Valentin (1882–1948) bewies vor siebzig Jahren beim Ende des Zweiten Weltkrieges Galgenhumor, gemixt mit bitterer Wahrheit:

„Nach dem Atombombenkrieg brauchen wir nichts mehr aufbauen, weil dann alles hin ist – überhaupt alles. Da gibt's keine Menschen mehr, keine Häuser und vielleicht nicht einmal mehr eine Weltkugel. Dann gibt's auch keine Regierungen mehr – auch kein viertes Reich und kein fünftes Reich usw. – nur mehr ein Himmelreich. Und dann ist – Gott sei Dank – endlich einmal Ruhe – in aller Ewigkeit. Amen!"

Unser schöner blauer Planet. Wie lange noch?

Merci!

Die Freunde, die man um vier Uhr morgens anrufen kann, die zählen.
Marlene Dietrich (1901–1992), deutsch-amerikanische Schauspielerin

Ich bin ein literarischer Glücksritter. Bei meiner Spurensuche zu den archäologischen Rätseln der Welt werde ich seit vielen Jahren von namhaften Persönlichkeiten, Wissenschaftlern, Forschern, Kollegen und Freunden begleitet und unterstützt. Sie tun das selbstlos auf verschiedenste Weise, sei es in Form von Interviewbeiträgen, mithilfe von Bildmaterial, durch Bekanntgabe brisanter Informationen oder dank wohlgemeinter Kritik. Das war beim vorliegenden Titel „Ungelöste Rätsel" nicht anders. Über das mir entgegengebrachte Vertrauen, die Wertschätzung und die Freundschaft bin ich sehr dankbar. Es bedeutet mir viel und motiviert zu neuen Streifzügen durch das Labyrinth des Unerklärlichen.

Gemeinsam auf Entdeckungsreise zu den Geheimnissen versunkener Kulturen: Reinhard Habeck und Elvira Schwarz im Park der Ungeheuer in Mittelitalien.

Die Namen jener hilfreichen Menschen und Institute, die zum Gelingen des vorliegenden Buches beigetragen haben, nenne ich in alphabetischer Reihenfolge. Das bedeutet freilich nicht, dass die genannten Personen mit allen von mir vorgebrachten Ideen und Thesen übereinstimmen müssen. Nachfolgend ein herzliches Merci an:

A.A.S. – Forschungsgesellschaft für Archäologie, Astronautik und SETI, Beatenberg; Dieter Ahlborn, erdstallforschung.de; Felix Arenas Marisal; Alice Bauer; Dr. Carl Baugh, „Creation Evidence Museum", Texas, USA; Werner Betz; Ing. Josef F. Blumrich († 2002); Luc Bürgin, Herausgeber des Magazins „Mysteries", Basel; Dr. Javier Cabrera Darquea († 2001), „Museo de Piedras Grabadas de Ica", Peru; Dipl.-Ing. Dr. Paulo Cerveira und Dipl.-Ing. Wolfgang Sched, Energie Burgenland Geoservice; Cornelia von Däniken; Erich von Däniken; Joky van Dieten; Univ.-Prof. Dr. Rudolf Distelberger († 2011); Klaus Dona und das Team von „Unsolved Mysteries"; Dr. Algund Eenboom; Chefred. Gisela Ermel, Red. „Sagenhafte Zeiten", Beatenberg; Ariana Fiala und Walter Ernsting († 2005); Jens Fendinger; Claudia und StD. Peter Fiebag; Karl-Franzens-Universität Graz; Klaus N. Frick und die Mitarbeiter der Perry-Rhodan-Redaktion, Rastatt; Inge und Dipl.-Ing. Walter Garn († 2010); Ingrid und StR. Willi Grömling († 2015);

Prof. Jaime Gutierrez Lega; Gerhard Holischka; Michael Huber; Lic. Phil. nat. Hans-Peter Jaun; Tatjana Ingold; Red. Dr. Katrin Jenni; „Julsrud Museo“ Acambaro, Mexiko; Katholische Ordensgemeinschaft der Salesianer in Ecuador; Dr. Willibald Katzinger; Roland Kernstock; Andreas Kirchner; Billy Lesina und Mag. Daniela Kornek, Red. Onlinemagazin Mystikum.at; Peter Krassa († 2005); Ingrid und Dr. Heinrich Kusch; Walter-Jörg Langbein; Laci und Gabriele Lukacs; Fritzi und Karl Lukan († 2014); José Maldonado, „Museo del Banco Central“, Cuenca, Ecuador; Prof. Dr. Khalil Messiha († 1999); Milinko Milivojevic; Fotografenmeister Bernhard Moestl; „Museo de las Culturas Aborigines“, Cuenca, Ecuador; „Museo Weilbauer“, Quito, Ecuador; Pfarrer Egon Pfeiffer, Pfarramt Seefeld in Tirol; Prof. Angelo Pitoni († 2009); „Purdue University“, West Lafayette, USA; Johann Pröll; Mario Rank, kollektiv.org; Ramona Rathkolb; Dietmar Rücker; Prof. Dr. Ing. Harry O. Ruppe; Mag. Michael Satzinger und Mag. Johannes „Jörg“ Steger, Magic Movie Film- und Videoproduktion in Graz; Dir. Neil Steede, Early Sites Research Society, USA; Oliver Stummer; Johann Wansch und Familie; Yannick Weiss, Dr. Hans-Joachim Zillmer, Ramon Zürcher, Sekretariat Erich von Däniken; Bernhard Zysset und Christine Raudner-Löffel, Jungfrau-Park Interlaken und all die lieben Leute, die mein Hirnkasten in der Eile „verschwitzt“ hat.

Hilfreiche Geister, die ich vergessen haben sollte, bitte ich um Vergebung. Es steckt keine Verschwörung dahinter, sondern das Alter.
Ein besonderes Merci gebührt der Verlagsgruppe Styria für die gute Zusammenarbeit, die geduldige Betreuung und das Interesse an meinen ungelösten Rätseln der Menschheitsgeschichte. Stellvertretend für alle emsigen Verlagsmitarbeiter danke ich namentlich meiner Lektorin Mag. Elisabeth Wagner, dem Programmleiter Dr. Johannes Sachslehner und der Geschäftsführerin Mag. Gerda Schaffelhofer. Die Faszination des Unfassbaren wird uns vermutlich weiter beschäftigen. Ich freue mich darauf!
Zu guter Letzt ein dickes Merci an meine Basler Lebenspartnerin Elvira Schwarz. Wie immer war sie die wichtigste Stütze bei der Manuskriptarbeit, übernahm die E-Mail-Post, übersetzte Texte und konnte als bewährte „Testleserin“ wertvolle Anregungen geben. Viele Recherchereisen haben wir gemeinsam unternommen und spannende Abenteuer erleben dürfen. Merci für alles!

Zum Abschluss eine Bitte an meine Leserinnen und Leser:
Vielleicht sind Sie selbst ein „Grenzgänger des Fantastischen“, haben Dinge erlebt und gesehen, die Sie zuvor für denkunmöglich gehalten haben? Oder Sie wissen von einer verborgenen, „unmöglichen“ Entdeckung, die Rätsel aufgibt? Oder Sie sind sogar selbst im Besitz eines kuriosen Gegenstandes mit ungeklärter Herkunft und Bedeutung? Dann würde ich mich freuen, wenn Sie mir schreiben. Alle Angaben werden vertraulich behandelt:
info@reinhardhabeck.at

QUELLEN UND LITERATUR

SELTSAMES SAKKARA

Bücher und Zeitschriften:

Arnold, Dieter: Lexikon der ägyptischen Baukunst, Düsseldorf 2000

Aschenbrenner, Klaus: Die Antiliden, München 1993

Barnett, Correlli u. a.: Vom Faustkeil zum Laserstrahl, Stuttgart 1982

Däniken, Erich von: Die Augen der Sphinx, München 1989

El Saddik, Wafaa/Heimlich, Rüdiger: Es gibt nur den geraden Weg – Mein Leben als Schatzhüterin Ägyptens, Köln 2013

Emery, Walter B.; Great Tombs of the First Dynasty, Kairo 1949

Fabeck, Wolf von: Kreiselgeräte, die verschiedenen Gerätetypen und ihre technischen Anwendungen, prinzipbedingte Fehler und gerätetechnische Lösungen, physikalische Grundlagen, Würzburg 1980

Fiebag, Peter/Eenboom, Algund/Belting, Peter: Flugzeuge der Pharaonen, Rottenburg 2004

Gottschalk, Herbert: Sonnengötter und Vampire, Berlin 1978

Habeck, Reinhard: Das Unerklärliche, Wien 1997

Helck, Wolfgang/Otto, Eberhard: Kleines Wörterbuch der Ägyptologie, Wiesbaden 1970

Ions, Veronica: Ägyptische Mythologie, Klagenfurt 1988

Kolpaktchy, Grégoire (Übers.): Das Ägyptische Totenbuch, Weilheim 1970

Lurker, Manfred: Lexikon der Götter und Symbole der alten Ägypter, Bern – München – Wien 1987

Posener, Georges: Knaurs Lexikon der ägyptischen Kultur. München – Zürich 1960

Sitchin, Zecharia: Auf den Spuren alter Mythen, Rottenburg 2010

Sitchin, Zecharia; Stufen zum Kosmos, Unterägeri 1982

Mündliche Quellen:

Josef F. Blumrich: persönliche Mitteilung a. d. Verf., 29. 8. 1994, Colorado, USA

Harry O. Ruppe: persönliche Mitteilung a. d. Verf., 19. 7. 1994, München

Internetquellen:

Das alte Ägypten: http://www.aegypten-geschichte-kultur.de/

Freunde der Ägyptologie – Der Friedhof der ersten Dynastie in Sakkara-Nord: http://www.egiptologia.com/arqueologia/2319-el-cementerio-de-la-primera-dinastia-en-saqqara-norte.html

Gyroskop: http://gyroskop.org/

KFZ-TECH – Wissenswertes, Animiertes und Tests zur KFZ Technik: http://www.kfz-tech.de/Schwungrad.htm

Solenhofen, Archae: The tomb of Sabu and the tri-lobed „schist" bowl, 25. 08. 2003 (http://www.oocities.org/unforbidden_geology/Tomb_3111.html)

Wikipedia.org – Sakkara: https://de.wikipedia.org/wiki/Sakkara

Kontakt & Besichtigung:

Ägypten-Online: http://www.aegypten-online.de/sakkara.htm

http://www.emuseum.gov.eg/ (Neugestaltung in Bearbeitung)

Jungfrau-Park Interlaken – Fun & Shows: http://www.jungfraupark.ch/

Museum Syndicate: http://www.museumsyndicate.com/

Ägyptisches Museum in Kairo: http://www.my-entdecker.de/2012/03/15/gold-und-graeber-aegyptisches-museum-in-kairo/

FRANKREICHS PYRAMIDEN

Bücher und Zeitschriften:
Charraux, Robert: Die Meister der Welt, Düsseldorf - Wien 1972
Neudecker, Richard: Die Pyramide des Cestius, in: Luca Giuliani (Hrsg.): Meisterwerke der antiken Kunst, München 2005
Rossetti, Domenico: La grotta di Monte Calvo, Turin 1811
Ungar, Catherine/Bény, Pierre/Duvivier, Yann: La Pyramide de Falicon et la Grotte des Ratapignata, Mémoires de l'IPAAM, Nizza 2008

Internetquellen:
Die antiken Pyramiden Europas: http://www.eco-spirituality.org/tdgr-prmds.htm
Die Pyramide „Roy d'Espagne": http://www.titidegun.fr/roydespagne/pageshistoriques/pageroydeslapyramide.html
Institut für Frühgeschichte und Archäologie der Mittelmeeralpen: http://www.ipaam.fr/
Wikipedia.org - Liste der Pyramiden: https://de.wikipedia.org/wiki/Liste_der_Pyramiden

Kontakt & Besichtigung:
Falicon - Die Süße des Lebens: http://www.falicon.fr/
Provence & Beyond/Ratapignata Pyramide: http://www.beyond.fr/sites/pyramidratap.html

VERHEXTE VERFORMUNGEN

Bücher und Zeitschriften:
Bingham, Hiram: Machu Picchu - die legendäre Entdeckungsreise im Land der Inka, München 2007
Däniken, Erich von: Unmögliche Wahrheiten, Rottenburg 2013
Derungs, Kurt: Magisch Reisen Bern, Bern 2003
Fawcett, Pearcey Harrison (Verf.)/Fawcett, Brian (Bearb.)/Pleticha, Heinrich (Hrsg.): Geheimnisse im brasilianischen Urwald, Wiesbaden 1996
Fichtinger, Christian: Lexikon der Heiligen und Päpste, Salzburg 1983
Fiebag, Peter/Gruber, Elmar/Holbe, Rainer: Mystica - Die großen Rätsel der Menschheit, Augsburg 2005
Fuss, Thomas H.: Abusir - Mysterium einer vergessenen Technik, in: Das Erbe der Götter (Hrsg. Erich von Däniken), München 1997
Grimm, Jacob/Grimm, Wilhelm: Deutsche Sagen, 2 Bände, Kassel 1816 und 1818
Grimm, Jacob: Deutsche Mythologie, vollständige Ausgabe, Wiesbaden 2007
Gugitz, Gustav: Österreichs Gnadenstätten in Kult und Brauch, 5 Bände, Wien 1955–1958
Habeck, Reinhard: Wundersame Plätze in Österreich, Wien 2007
Haiding, Kurt: Österreichischer Sagenschatz, Wien - München 1977
Jong, Jan Peter de: Steinverglasungen in Peru, in: *Sagenhafte Zeiten*, Nr. 4, Beatenberg 2015
Kernstock, Roland: Wo sich die Wasser trennen, Schrems 2006
Langbein, Walter-Jörg: Götter aus dem Kosmos, Rastatt 1998
Leutgeb, Rupert: Mystische Stätten des Waldviertels, Zwettl 2001
Lukan, Karl/Lukan, Fritzi: Geheimnisvolles rund um Wien, Wien 2004
Lukan, Karl: Alte Welt im Donautal, Wien 1996
Lukan, Karl: Das Waldviertelbuch, Wien 1992
Lukan, Karl: Das Wienerwaldbuch, Wien 1980
Prescott, William J.: Die Welt der Inkas, München 1974
Sasse, Torsten/Haase, Michael: Im Schatten der Pyramiden, Düsseldorf 1997
Shuker, Karl P. N.: Weltatlas der rätselhaften Phänomene, Bindlach 1996

Mündliche Quellen:
Roland Kernstock: Persönliche Mitteilungen an den Autor, Schrems 2011
Pfarrer Egon Pfeifer: Persönliche Mitteilungen, Seefeld 2007

Internetquellen:
Ancient Mysteries Explained: http://www.ancient-mysteries-explained.com/
Hans Jelitto – Pyramidenforschung: http://www.pyramiden-jelitto.de/
Kölbl, Alfred: Der hängende Stein, in: *Der Standard online*, 3./4. 12. 2005, Wien (http://derstandard.at/2263907/Der-Haengende-Stein)
Landschaftsgeometrien 1: http://landschaftsgeometrien-ernst.blogspot.co.at/2011_08_25_archive.html
Sagen.at – Datenbanken zur Europäischen Ethnologie/Volkskunde: www.sagen.at

Kontakt & Besichtigung:
Pfarre Seefeld – Wallfahrtsort: http://www.pfarramt-seefeld.at/
Liste der Naturdenkmäler im Bezirk Gmünd: https://de.wikipedia.org/wiki/Liste_der_Naturdenkm%C3%A4ler_im_Bezirk_Gm%C3%BCnd

MYSTERIÖSE STEINKUGELN

Bücher und Zeitschriften:
Bauval, Robert/Hancock, Graham: Der Schlüssel zur Sphinx, München – Leipzig 1996
Däniken, Erich von (Hrsg.): Neugierde verboten!, Rottenburg 2014
Däniken, Erich von: Was ist falsch im Maya-Land?, Rottenburg 2011
Evans, John: The ancient stone implements, weapons, and ornaments of Great Britain, London 1897
Fischinger, Lars A.: Verbotene Geschichte, München 2010
Habeck, Reinhard: Texte, die es nicht geben dürfte, Wien 2011
Haughton, Brian: Verlorenes Wissen, verbotene Wahrheit, München 2008
Kluge, Martin: Drachen in der Medizin, Basel 2005
Lothrop, Samuel K: Archaeology of the Diquils Delta/Costa Rica, Cambridge 1963
Lukacs, Gabriele/Osmanagic, Semir: Die Bosnischen Pyramiden, Wien 2006 und 2008
Meyer, Kai: Die Fließende Königin, Hamburg 2011
Scheuchzer, Johann Jakob: Natur-Geschichte des Schweizerlandes, Zürich 1746
Stone, Doris: A Preliminery Investigation of the Flood Plan, in: *American Antiquity*, Vol. 9, Costa Rica, Juli 1943
Uberti, Marisa: Il Globo di Matelica, in: *Hera*, Nr. 94, Mailand, November 2007

Mündliche Quelle:
Milinko Milivojevic: Persönliche Mitteilungen an den Autor, Valijevo, Juli 2011

Internetquellen:
Baldini, Danilo/Carusi, Andrea (Übers.): Der Globus von Metalica, in: *L'Astronomia*, Nr. 92, S. 30–38, Oktober 1989 (http://www.antiqui.it/archeoastronomia/globo.htm)
British Archaeology at the Ashmolean Museum – Carved Stone Balls from Scotland: http://www.ashmolean.org/ash/britarch/highlights/stone-balls.html
Dambeck, Holger (hda): Felskolosse – Das Rätsel von Costa Ricas Steinkugeln, in: *Spiegel Online*, Hamburg, 29. 3. 2010
Dönges, Jan: „Death Valley – Rätsel um die ‚Wandernden Steine' endlich gelöst", in: *Spektrum.de*, Heidelberg, 28. 8. 2014
Hofmann, Heini: „Sagenumwobener Drachenstein – Der Schweiz bekanntestes medizinisches Kultobjekt", in: *Ars Medicini*, Nr. 25/26, S. 1196 f., 2005 (https://www.rosenfluh.ch/media/arsmedici/2005/25-26/Sagenumwobener-Drachenstein.pdf)

Hoopes, John W.: „The Stone Spheres of Costa Rica", in: *World-Mysteries.com*, 2001 (http://www.world-mysteries.com/sar_12.htm)
NASA – Kepler und K2: http://www.nasa.gov/kepler
View, Gary: The Stone Spheres of Costa Rica (http://www.viewzone.com/ballsx.html)
Wikipedia.org – Carved Stone Balls: https://en.wikipedia.org/wiki/Carved_Stone_Balls
Wikipedia.org – Cheops-Pyramide: https://de.wikipedia.org/wiki/Cheops-Pyramide

Kontakt & Besichtigung:
Archäologisches Museum Matelica: http://www.comune.matelica.mc.it/museoarcheologico/index.asp
Die Kugeln von Povlen: http://www.vizijadanas.com/povlenske_kugle.html
Die Steinkugeln von Zavidovici: http://www.kamenekugle.com/
Nationalmuseum Costa Rica: http://www.museocostarica.go.cr/
Naturmuseum Luzern – Drachenstein: http://www.naturmuseum.ch/home.php?sL=dau&sA=erdw&action=drac

GEHEIME GÄNGE

Bücher und Zeitschriften:
Ahlborn, Dieter: Geheimnisvolle Unterwelt – Das Rätsel der Erdställe in Bayern, Aying 2010
Augustin, Wilfried: Wehrkirche in Kleinzwettl, in: *Efodon-Synesis* Nr. 6, Hohenpeißenberg 2005
Bouchal, Robert/Lukacs, Gabriele: Das geheime Netz der Templer, Wien 2010
Falkenberg, Hans: Die Erdställe – Zwischenbilanz einer rätselhaften Unterwelt in Oberösterreich, in: *Oberösterreichische Heimatblätter*, Nr. 3 und 4, Linz 1982
Farkas, Viktor: Unerklärliche Phänomene, Frankfurt am Main 1988
Fischer, Jan: Hightech in der Steinzeit, in: *Mysteries* Nr. 5, Basel, September 2015
Habeck, Reinhard: Das Unerklärliche, Wien 1997
Habeck, Reinhard: Geheimnisvolles Österreich, Wien 2006
Jantsch, Franz: Kultplätze im Land um Wien, Unterweitersdorf 1993
Karner, Lambert: Künstliche Höhlen aus alter Zeit, Wien 1903
Karner, Lambert: Künstliche Höhlen in Niederösterreich, in: *Blätter des Vereines für Landeskunde von Niederösterreich Nr. 18*, Wien 1884
Kießling, Franz: Über das „Rätsel der Erdställe", Wien 1925
Kusch, Heinrich/Kusch, Ingrid: Tore zur Unterwelt, Graz 2009
Kusch, Heinrich/Kusch, Ingrid: Versiegelte Unterwelt, Graz 2014
Lukan, Karl: Herrgottsitz und Teufelsbett, Wien – München 1979
Plach, Hans/Kubes, Karl: Die Wehrkirche in Kleinzwettl – eine geschichtliche und kunstgeschichtliche Dokumentation, in: „Arbeitsberichte des Kultur- und Museumsvereines Thaya", Heft Nr. 2/3, Thaya 1981
Schwarzfischer, Karl: Zur Frage der Schrazellöcher oder Erdställe, Weiden 1968
Weichenberger, Josef: Alter einer Holzkohle aus dem Erdstall Bauernhofer in Bad Zell, Oberösterreich, in: *Der Erdstall*, Nr. 30, Roding 2004
Weichenberger, Josef: Erdställe – hochmittelalterliche Zufluchtsanlagen und Verstecke?, in: „Beiträge zur Mittelalterarchäologie in Österreich", Wien 2009
Weichenberger, Josef: Zeitstellung der österreichischen Erdställe, in: „Der Erdstall", Nr. 29, Roding 2003

Internetquellen:
Arbeitskreis für Erdstallforschung: http://erdstall.de/
Erdstallforschung.at – den Rätseln mittelalterlicher Geheimgänge auf der Spur: http://www.erdstallforschung.at/

Erdstallforschung.de – Unterirdische Gänge: http://www.erdstallforschung.de/
Kraftvolle Orte – Kraftvolle, mystische und geheimnisvolle Orte (in Bayern): http://www.kraftvolle-orte.de/
Mann, Christoph: Bizarre Mumie – Forscher lösen Alien-Rätsel der Atacama-Wüste, in: *Spiegel Online*, Hamburg, 10. 5. 2013
o. A.: „Wiener Stadtarchäologie öffnet 7.000 Jahre altes Zeitfenster“, in: wien.at, März 2015 (https://www.wien.gv.at/rk/msg/2015/03/18016.html)
ORF: Mysteriöse Höhlen in der Oststeiermark, in: *steiermark.orf.at*, Juli 2015 (http://steiermark.orf.at/news/stories/2720883/)
Schulz, Matthias: Irrgärten der Unterwelt, in: *Spiegel Online*, Hamburg, 18. Juli 2011
Subterra Vorau: http://www.subterravorau.at/
Unterführungen – Die unterirdische vom Menschen gegrabene Welt) http://www.mondesouterrain.fr/
Wikipedia.org – Ebu Gogo: https://de.wikipedia.org/wiki/Ebu_Gogo

Kontakt & Besichtigung:

Erdstall Ratgöbluckn in Perg: http://www.cyclopaedia.de/wiki/Erdstall-Ratgoebluckn-in-Perg
Gasthof Wösner – Der Erdstollen: http://www.woesner.at/der-erdstollen/
Kultur am Kapellenberg – Erdstallmuseum: http://kulturamkapellenberg.grosskrut.at/index.php/erdstallmuseum
Erdstall Neustift im Mühlkreis: http://www.tiscover.com/at/guide/5,de,SCH1/objectId,SIG259015at,parentId,RGN107627at/intern.html
Verbund oberösterreichischer Museen – Freilichtmuseum Perg: http://www.ooe-museumsverbund.at/museum/215_freilichtmuseum_pelmberg
Wartberg ob der Aist – Flehlucka: http://www.wartberg-aist.at/system/web/zusatzseite.aspx?detailonr=119727777

SURREALE SCHÄTZE

Bücher und Zeitschriften:

Bürgin, Luc: Lebten Dinos und Menschen doch zusammen? in: *Mysteries* Nr. 5, Basel 2014
Bürgin, Luc: Lexikon der verbotenen Archäologie, Rottenburg 2009
Charroux, Robert: Das Rätsel der Anden, Düsseldorf – Wien 1978
Däniken, Cornelia von: Das Geheimnis der Metallbibliothek, Interview mit José Maldonado, in: *Sagenhafte Zeiten*, Nr. 2, Beatenberg 2005
Däniken, Erich von: Aussaat und Kosmos, Düsseldorf 1972
Däniken, Erich von: Beweise, Düsseldorf 1977
Darquea Cabrera, Javier: El Mensaje de las Piedras Grabadas de Ica, Lima 1987
Dona, Klaus/Habeck, Reinhard: Im Labyrinth des Unerklärlichen, Rottenburg 2004
Dougherty, Cecil N./Dougherty, Lydia: Valley of the Giants, Cleburne 1971
Habeck, Reinhard u. a.: Unsolved Mysteries, Katalog zur Ausstellung, Wien 2001
Hapgood, Charles H.: Mystery in Acambaro, Kempton 1973
Hausdorf, Hartwig: Die Rückkehr der Drachen, München 2003
Helck, Wolfgang/Otto, Eberhard: Lexikon der Ägyptologie, Wiesbaden 1984
Langbein, Walter-Jörg: Bevor die Sintflut kam, München 1996
Lukacs, Gabriele: Wesen aus einer anderen Welt, in: *Mysteries* Nr. 2, Basel 2015
Olazar Benguria, Maria del Carmen/Mariscal, Felix Arenas: La Verdad Sobre las Piedras de Ica, Barcelona 2007
Petratu, Cornelia/Roidinger, Bernhard: Die Steine von Ica, Essen – München – Bartenstein – Venlo – Santa Fe 1994
Pollak, Kurt: Wissen und Weisheit der alten Ärzte, Düsseldorf und Wien 1968
Steede, Neil: Early Sites Research Society, Newsletter, Montana 1998–2001
Zillmer, Hans-Joachim: Darwins Irrtum, München 1998
Zillmer, Hans-Joachim: Irrtümer der Erdgeschichte, München 2001

Mündliche Quellen:

Javier Darquea Cabrera: Persönliche Mitteilungen an den Autor, Ica, Februar 2000

José Maldonado: Persönliche Mitteilungen an den Autor, Cuenca 2000, Wien 2001 und Interlaken 2004

Neil Steede: Persönliche Mitteilungen, Wien 2001 und Interlaken 2004

Internetquellen:

Atlantisforschung.de: http://atlantisforschung.de/index.php?title=Atlantisforschung:Portal

Creation Truth Ministries: http://creationtruthministries.org/

Die große Bibliothek der kosmischen Biologie): http://www.piedrasdeica.net/

Langbein, Walter-Jörg: Monstermauern, Mumien und Mysterien – Das Horrorkabinett des Dr. Cabrera, Teil 13, in: *Ein Buch lesen!*, vom 11. April 2010 (http://www.ein-buch-lesen.de/2010/04/das-horrorkabinett-des-dr-cabrera.html)

Rennert, David: Uralter „moderner" Fingerknochen gibt Rätsel auf, in: derStandard.at, Wien, 19. 8. 2015

Sagenhafte Zeiten – Argumente für das Unmögliche: http://www.sagenhaftezeiten.com/

Tayos Gold Library – The Odyssey of Stan Hall: http://www.goldlibrary.com/index.html

Unsolved Mysteries – Klaus Dona: http://unsolved-mysteries.info/

Kontakt & Besichtigung:

Iglesia de Maria Auxiliadora: http://www.ubicacuenca.com/info/mariaauxiliadora

Leitung für archäologische Gegenstände in Lazio: http://www.archeolz.arti.beniculturali.it/

Museo Científico Javier Cabrera: http://www.museocientificojaviercabrera.com/

Museo del Banco Central: http://www.viajandox.com/azuay/museo-banco-central-cuenca.htm

Museo Local Acámbaro: http://www.museolocal.com/

Waldemar Julsrud Museo: http://www.waldemarjulsrud.com/

ANTIKE TECHNOLOGIEN

Bücher und Zeitschriften:

Däniken, Erich von: Strategie der Götter, Düsseldorf – Wien 1982

Falgowski, Michael: „Rätsel gelöst: Woher stammt das Gold auf der Himmelsscheibe von Nebra?", in: *Berliner Zeitung,* Berlin, 23. 10. 2014

Fiebag, Peter/Gruber, Elmar/Holbe, Rainer: Mystica – Die großen Rätsel der Menschheit, Augsburg 2007

Filser, Hubert: Zahnrad gesucht, in: *Süddeutsche Zeitung*, München, 18. 1. 2015

Fischer, Jan: „Zeitmaschine" von Nebra, in: *Mysteries,* Nr. 5, Basel, Oktober 2015

Freeth, Tony: Die Entschlüsselung eines antiken Computers, in: Nr. 5, Heidelberg 2010

Habeck, Reinhard (Hrsg.): Dänikens Geflügelte Worte, Rottenburg 2015

Habeck, Reinhard: Die letzten Geheimnisse, Wien 2003

Habeck, Reinhard: Dinge, die es nicht geben dürfte, Wien 2008

Habeck, Reinhard: Hochtechnologie der Frühzeit, Wien 2001

Kennedy, Easby, Elisabeth/Scott, F. John: Before Cortés – Sculpture of Middle America, Katalog zur gleichnamigen Ausstellung im Metropolitan Museum of Art, New York 1970

Marchant, Jo: Die Entschlüsselung des Himmels, Reinbek 2011

Meller, Harald (Hrsg.): Der geschmiedete Himmel, Begleitband zur gleichnamigen Sonderausstellung des Landesmuseums für Vorgeschichte in Sachsen-Anhalt, Halle 2004

Menghin, Wilfried: Der Berliner Goldhut – Macht, Magie und Mathematik in der Bronzezeit, Regensburg 2010
Netz, Reviel/Noel, William: Der Kodex des Archimedes, München 2007
Schulz, Matthias: Kodex aus dem Keller, in: Der Spiegel, Nr. 25, Hamburg 2007
Solla Price, Derek de: Gears from the Greeks; The Antikythera mechanism – a calendar computer from ca. 80 B. C., American Philosophical Society, Philadelphia 1974
Taylor, Ken: Kosmische Kultstätten der Welt, Stuttgart 2012
Volkrodt, Wolfgang: Es war ganz anders, München 1991

Mündliche Quelle:

Jaime Gutierrez Lega: Persönliche Mitteilungen an den Verfasser und Kopie eines Interviews in der Zeitschrift *Form*, Bogota, 22. 2. 2000

Internetquellen:

Eiland-Jung, Juliana: „Himmelsscheibe von Nebra – Lahrer Hobbyforscher sieht sich von der Wissenschaft verkannt", in: *badische-zeitung.de*, Freiburg, 8. 6. 2015
Gesellschaft für Archäoastronomie: http://www.archaeoastronomie.org/index.php
Hampl, Hans: Die Himmelsscheibe von Nebra, Februar 2015 (http://www.himmelsscheibe-hampl.de)
Meier, Annette: Der Berliner Goldhut und das astronomische Wissen der Bronzezeit, in: *Magazin, Museumsportal Berlin* (http://www.museumsportal-berlin.de/de/magazin/das-neue-museum/der-berliner-goldhut-und-das-astronomische-wissen-der-bronzezeit/)
Steinrücken, Burkard: Die dynamische Interpretation der Himmelsscheibe von Nebra, Forschungsprojekt „Vorzeitliche Astronomie", Westfälische Volkssternwarte und Planetarium Recklinghausen (http://sternwarte-recklinghausen.de/astronomie/himmelsscheibe-von-nebra/)
The Antikythera Mechanism Research Project: http://www.antikythera-mechanism.gr/

Kontakt & Besichtigung:

El Infiernito (Die kleine Hölle): https://en.wikipedia.org/wiki/El_Infiernito
Hunan Provincial Museum: http://www.hnmuseum.com/hnmuseum/eng/main_index.jsp
Landesamt für Denkmalpflege und Archäologie Sachsen-Anhalt – Die Himmelsscheibe von Nebra: http://www.lda-lsa.de/himmelsscheibe_von_nebra/
Museo del Oro: http://www.banrepcultural.org/museo-del-oro
Museo Nacional de Arqueología, Antropología e Historia del Peru: http://mnaahp.cultura.pe/
National Archaeological Museum: http://www.namuseum.gr/wellcome-en.html
National History Museum London: http://www.nhm.ac.uk/
Penn Museum: http://www.penn.museum/
Übersee Museum Bremen: http://www.uebersee-museum.de/

KURIOSE KÖPFE

Bücher und Zeitschriften:

Bauer, Wolfgang/Dümetz, Irmtraud/Golowin, Sergius: Lexikon der Symbole, München 1986
Bauman, Peter: Valdivia, Hamburg 1978
Bonin, F. Werner (Hrsg.): Faszination des Unfassbaren, Stuttgart 1983
Charpentier, Louis: Macht und Geheimnis der Templer, Olten 1986
Derungs, Kurt: Geheimnisvolles Zürich, Grenchen bei Solothurn 2004
Fiebag, Peter: Der Götterplan, München 1995
Görlitz, Dominique: Ungelöste Rätsel der Entdeckergeschichte, Gotha 2011

Habeck, Reinhard: Kräfte, die es nicht geben dürfte, Wien 2014
Habeck, Reinhard: Steinzeit-Astronauten, Wien - Graz - Klagenfurt 2014
Irwin, Constance: Kolumbus kam zweitausend Jahre zu spät, Wien - Berlin - Stuttgart 1963
Jens, Hermann: Mythologisches Lexikon, München 1958
Maier, Bernhard: Lexikon der keltischen Religion und Kultur, Stuttgart 1994
Meles, Brigitte: Die Peterskirche in Basel, Bern 2010
Morton, Chris/Thomas, Ceri Louise: Tränen der Götter, Bern - München - Wien 1998
Müller-Kasper, Ulrike u. a. (Hrsg.): Handbuch des Aberglaubens, 3 Bände, Wien 1996
Reister, Helmut: Versteigern oder beerdigen? - Bizarrer Streit um einen Schrumpfkopf, in: *Abendzeitung*, München, 13. 6. 2015
Spicher, Eduard: Geschichte des Basler Münsters, Basel 1999
Zillmer, Hans-Joachim: Kolumbus kam als Letzter, München 2004

Internetquellen:
k. A.: Römer in Amerika, in: *Spektrum der Wissenschaft* 4/2000, S.e 10, April 2000 (http://www.spektrum.de/magazin/roemer-in-amerika/826263)
http://www.igw-resch-verlag.at/lexikon/index.html?b/ba/baphomet.html
Metapedia.org - Schrumpfköpfe: http://de.metapedia.org/wiki/Schrumpfk%C3%B6pfe

Kontakt & Besichtigung:
Basler Münster: http://www.baslermuenster.ch/
Mexikolinks.de - Olmeken: http://www.mexikolinks.de/landundleute/kulturen/olmeken.html
Museo Arqueológico Weilbauer: http://www.museosquito.gob.ec/index.php/component/k2/item/45-museo-arqueologico-weilbauer
Museo Regional Adolfo Bermúdez Jenkins: http://www.icaturismo.com/lugares-ica.php?q=2
Peterskirche Basel: http://www.peterskirche.ch/

BILDNACHWEIS

Dieter Ahlbord/www.erdstall.de: 109
Archiv Reinhard Habeck: 23, 28, 33 u., 44, 48, 108, 147 u., 151
Bildarchiv Hansmann/Interfoto/picturedesk.com: 64 u.
Carl Baugh: 130 Mitte (2), 133 u.
Luc Bürgin/www.mysteries-magazin.com: 145 u.
Erich von Däniken: 120 (4), 138
Chris Dimperl: 75
Manuel Domínguez-Rodrigo/Nature Communications: 129
Klaus Dona: 118 u., 131 o.
Cecil N. Dougherty: 118 o., 131 u.
Algund Eenboom: 148 u.
Algund Eenboom/Conny Lübbers: 16 r.
Walter E. Emery: : 29 (2)
Energie Burgenland Geoservice/Paulo Cerveira, Wolfgang Sched: 116 o.
Peter Fiebag: 170 u.
Ivan P. Goodman (um 1940): 105

Reinhard Habeck: 2–3, 16 r., 19 u., 20 u., 21 (2), 27 u., 32 u., 33 o., 36, 38, 41 u., 42 u., 43 (2), 46, 47, 50, 55 o., 57 o. l/u., 58 (2), 59 o., 61 u., 63 o., 64 o., 65 u., 66, 68, 73, 74, 81, 84, 85, 86 (2), 91 (2), 97, 99, 100, 106, 114 o., 115 o., 117 (3), 124, 125, 126 (3), 127, 128, 130 u., 133 o., 158 o., 160 u., 167, 171, 173 u., 174 r. o/r. u., 179, 181, 182, 184, 185, 187, 191, 196
Reinhard Habeck/Elvira Schwarz: 53 u., 57 r. o.
Hartwig Hausdorf/Peter Krassa: 22
Gerhard Holischka: 65 o.
Peter Holl (Grafik): 116 u.
Tatjana Ingold: 25, 30
Heinrich Kusch: 92, 112 o., 121 u.
Ingrid Kusch: 111, 112 u.
Gabriele Lukacs: 122, 139
Bernhard Moestl: 62 u., 119 u., 130 o., 135, 136, 137, 142, 157 (2), 159, 160 o., 163, 164, 166 u., 172 (2), 173 o., 174 l. o./l. u., 175 u., 178, 183, 188
Natural History Museum, London: 144, 169 u.
Angelo Pitoni : 90
Rabatti-Domingie/akg-images/picturedesk.com: 63 u.
Elvira Schwarz: 60, 67, 70
Oliver Stummer: 101, 102, 103, 113 (2), 115 u.
Universität Graz: 121 o.
Wiener Stadtarchäologie: 98, 114
Wikimedia Commons: 4–7 (Ian Sherlock), 8/27 o. (Olaf Tausch), 9, 11 (John Bodsworth), 12 (Hedwig Storch), 15, 17 o. (RThiele), 17 u. (Charlesjsharp), 18, 19 o., 20 o., 24 o., 24 u. (Rabax63), 31, 32 o., 35 o., 37 (Meryre Greywacke), 35 u. (NASA/Bill Stafford), 37 o. (Daniel Csorfoly), 40 (2), 41 o., 41 M. (Arian Zwegers), 42 o. (Shakti), 49, 52 (Holger Gruber), 53 o., 54 (Oliver Raupach), 55 u. (Hans Tappeiner), 59 u. (Manfred Kuzel), 61 o., 62 o., 76 (Rodrigo Fernández), 78 (Tahoenathan), 79 (Richard D. Norris, James M. Norris, Ralph D. Lorenz, Jib Ray, Brian Jackson), 80, 82, 83 (Museo Nacional de Costa Rica), 87 (Andreas Praefcke), 88 (John Bod), 89 (2), 95 (Franz Pfeiffer), 104, 107 (Krish Dulal), 119 o./ 132 o. (PHGCOM), 132 u., 134, 141, 145 o., 146 (Sailko), 147 o., 149, 152 (Juanxi), 153 (Ian W. Scott), 155 (The Walters Museum), 158 u. (Ymai), 161, 162 (Museo del Oro de Bogota/Mario Roberto Durán Ortiz), 166 o. (Gun Powder Ma), 168 (Marcin Tlustochowicz), 169 o. (Giovanni Dall'Orto, Archäologisches Museum, Athen), 170 o. (Dontworry), 177 (James Steakley), 180 (Museu Nacional da Universidade Federal do Rio de Janeiro), 186 (Joe Mabel), 189, 190 (Michael Gunther), 192/194 (Andrew Z. Colvin/NASA)
www.ipaam.fr/Jean Marx: 45
Hans-Joachim Zillmer: 133 M., 176

Die Rechtslage bezüglich der einzelnen Bildvorlagen wurde sorgfältig geprüft. Etwaige berechtigte Ansprüche werden bei Nachweis vom Verlag in angemessener Weise abgegolten.

Im Val Camonica in Oberitalien wurden bisher über 350.000 prähistorische Felszeichnungen freigelegt. Die merkwürdigsten Motive zeigen Geschöpfe, die frappant an Astronauten unserer Tage erinnern. Nicht weniger verblüffend: Steinplatten mit fixierten Geländemarkierungen, die ein erstaunliches Wissen über Topografie und Vermessungstechnik belegen.
Ausgehend vom Val Camonica geht Reinhard Habeck diesen und anderen Fragezeichen der alpinen Vorgeschichte auf den Grund. Er hat im gesamten Alpinraum verborgene und neu entdeckte Fundstellen prähistorischer Felskunst besucht, bedeutende Forscher zu den alpinen Steinwundern befragt und stellt provokante und überraschende Thesen zur Diskussion.

ISBN 978-3-85431-709-8

Wien – Graz – Klagenfurt

Bücher aus der Verlagsgruppe Styria gibt es
in jeder Buchhandlung und im Online-Shop

Lektorat: Elisabeth Wagner
Covergestaltung: Bruno Wegscheider
Coverfotos: Reinhard Habeck
Layout: Hannes Strobl, Satz·Grafik·Design, Neunkirchen

Druck und Bindung:
Christian Theiss GmbH, St. Stefan im Lavanttal
7 6 5 4 3 2
Printed in Austria